COURS DE GÉOGRAPHIE

POUR LES CLASSES DE L'ENSEIGNEMENT SECONDAIRE

par

Une Réunion de Professeurs

L'ASIE, L'INSULINDE ET L'AFRIQUE

CLASSE DE CINQUIÈME

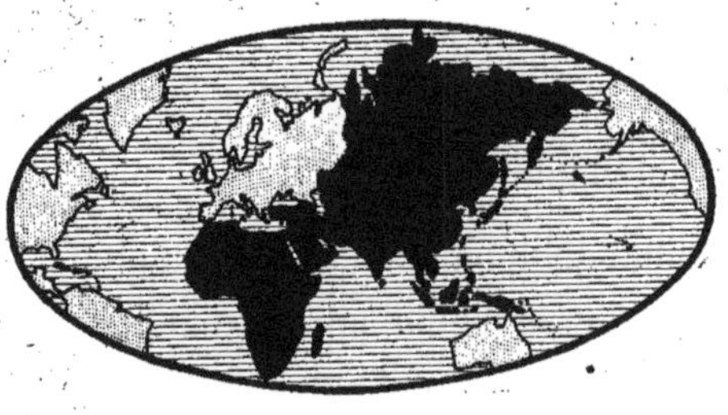

LIBRAIRIE GÉNÉRALE
77, Rue de Vaugirard, PARIS

A. MAME ET FILS · J. DE GIGORD
TOURS · 15, R. Cassette, PARIS

PROPRIÉTÉ

L'ASIE ET L'INSULINDE
L'AFRIQUE

CLASSE DE CINQUIÈME

Spécimen d'une page du Cahier de Croquis Géographiques.

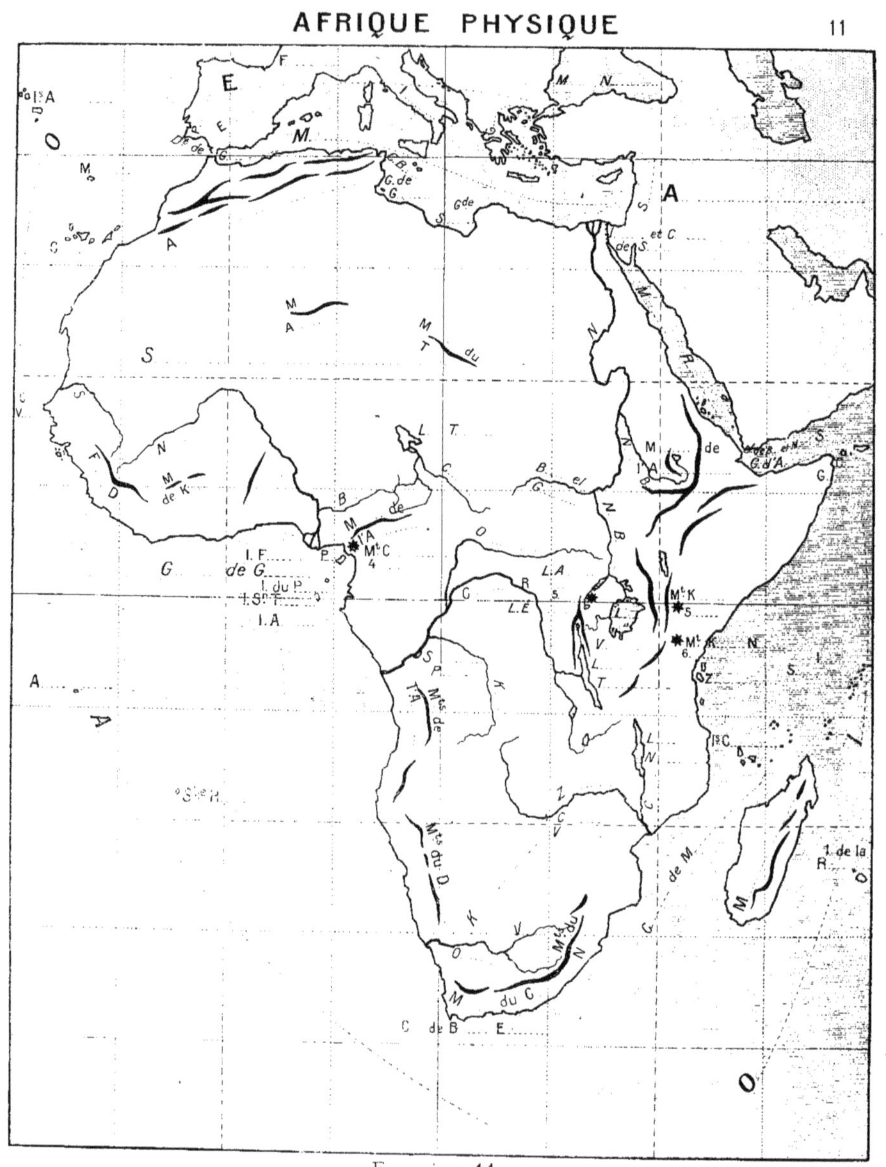

Exercice 11

COURS DE GÉOGRAPHIE
POUR LES CLASSES DE L'ENSEIGNEMENT SECONDAIRE
PAR
Une Réunion de Professeurs.

————◇❊◇————

L'ASIE ET L'INSULINDE
L'AFRIQUE
CLASSE DE CINQUIÈME

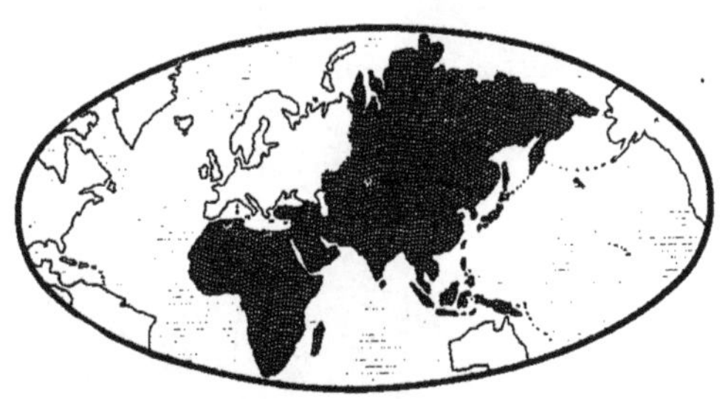

LIBRAIRIE GÉNÉRALE
77, Rue de Vaugirard
PARIS VIe

A. MAME ET FILS
Éditeurs
TOURS

J. DE GIGORD
15, Rue Cassette
PARIS VIe

Propriété.

SUPPLÉMENT D'ILLUSTRATION POUR L'ASIE ET L'AFRIQUE

1. **Le Plateau d'Arménie** est rocailleux, sec et froid. Il est dominé par l'Ararat, volcan éteint au dôme élargi et couvert de neige, de 5.157 m. de haut, qu'on aperçoit à droite de l'image. L'Écriture nous dit que l'Arche de Noé se reposa sur cette montagne. Le sommet plus aigu et plus régulier de gauche n'a que 2.906 mètres : c'est le petit Ararat.

2. — **La Jungle** est une sorte de prairie formée de hautes herbes. C'est la région préférée des tigres. De grandes chasses leur sont périodiquement données, à dos d'éléphants domestiques, par des troupes nombreuses qu'organisent les chefs du pays. Ici, du milieu de la jungle, on voit bondir un tigre cherchant à sortir du cercle de chasseurs qui l'entoure.

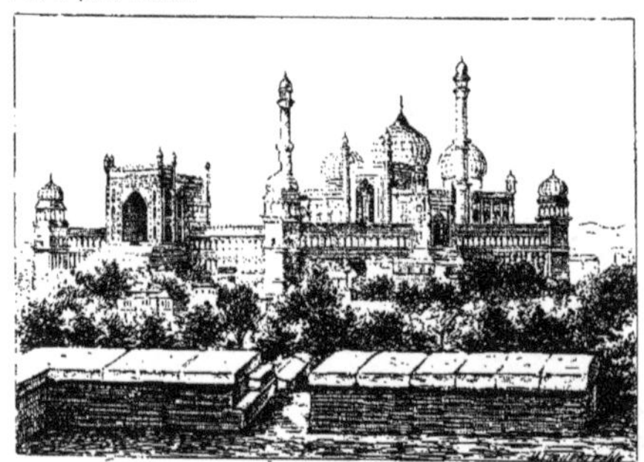

3. **Delhi**, l'ancienne capitale de l'empire brahmaniste hindou, puis de l'empire musulman du Grand Mongol, conserve de beaux monuments du temps passé : des tombeaux, des palais, et la Grande Mosquée que représente l'image.

4. — **Bénarès** est bâtie sur le Gange, le fleuve sacré des Hindous. Sur sa rive gauche se dressent des palais, des pagodes et des escaliers monumentaux qui conduisent jusqu'au fleuve, où, chaque matin, des milliers de personnes vont faire leurs ablutions.

5. **Quelques produits tropicaux.** — 1º Le **cotonnier** est un arbuste dont les graines portent des poils soyeux, le *coton*.
2 Le **caoutchouc** est une gomme solide et élastique provenant du suc laiteux des *arbres à caoutchouc*.
3 **L'arachide** est une petite plante dont les fruits (cacaouettes) servent à faire de l'huile.
4º Le **palmier à huile** produit 2 ou 3 grappes d'un millier de fruits, dont on fait l'*huile de palme*.
5º Le **vanillier** est une plante grimpante ; son fruit, la *vanille*, est employé comme aromate dans la confiserie.
6º Le **cacaoyer** est un arbre dont les fruits renferment une trentaine de graines, le *cacao*, qui sert à faire le chocolat.

EXTRAIT DES PROGRAMMES DE L'ENSEIGNEMENT SECONDAIRE

Décret du 3 Mai et Arrêté du 3 Décembre 1923.

CLASSE DE CINQUIÈME

L'ASIE ET L'INSULINDE — L'AFRIQUE

Notions de Géographie physique présentées dans l'ordre adopté pour l'exposé des notions de Géographie générale.

Notions de Géographie politique et économique. (Le Professeur n'est tenu d'insister que sur les principaux États.)

Relations avec l'Europe, avec l'Asie et avec l'Amérique.

REMARQUE. — *Des personnes, qu'intéressent les questions coloniales, déplorent qu'une année entière ne soit pas consacrée à l'étude de nos colonies, et que, dans les classes de 4e et de 1re où cette étude est indiquée, elle soit placée au dernier trimestre et, par le fait, quelque peu sacrifiée à cause du manque de temps, surtout si le Professeur s'attarde à l'étude de la France.*

C'est pour compenser cette insuffisance de temps, que, dans ce Cours, les leçons traitant de nos possessions en Asie et en Afrique (de toutes les plus importantes) font l'objet de plus de développements que celles des contrées voisines qui ne relèvent pas de la France.

En procédant ainsi, les Auteurs se conforment bien au Programme officiel, qui, comme on l'a dit plus haut, recommande au Professeur de n'insister que sur les principaux États. Or, pour nous, Français, les contrées d'Asie et d'Afrique les plus intéressantes sont certainement celles où flottent nos trois couleurs.

TABLE DES MATIÈRES

Chaque leçon tient en une page ou en deux pages se faisant face,
de manière que le texte et la carte correspondante ne soient jamais séparés.

1re Leçon. — L'ASIE PHYSIQUE

1. Situation et forme. — L'Asie occupe le nord-est de l'Ancien continent. Sa partie continentale est tout entière située dans l'Hémisphère nord. Elle voisine avec l'Europe qui n'est qu'une péninsule asiatique ; avec l'Afrique qui lui est rattachée par l'Isthme de Suez ; avec l'Océanie à laquelle l'unit l'Insulinde, et avec l'Amérique dont elle n'est séparée que par le Détroit de Béring.

L'Asie est une sorte de grand quadrilatère sans profondes mers intérieures, aussi est-elle, après l'Afrique, la plus massive des cinq Parties du monde.

2. — Limites et étendue. — L'Asie est bornée, au Nord, par l'Océan Glacial Arctique ; à l'Est, par l'Océan Pacifique ; au Sud, par l'Océan Indien ; à l'Ouest, par la Méditerranée, la Mer Noire, le Caucase, la Mer Caspienne et l'Oural, qui la séparent de l'Europe.

L'Asie est la plus vaste des cinq Parties du monde.

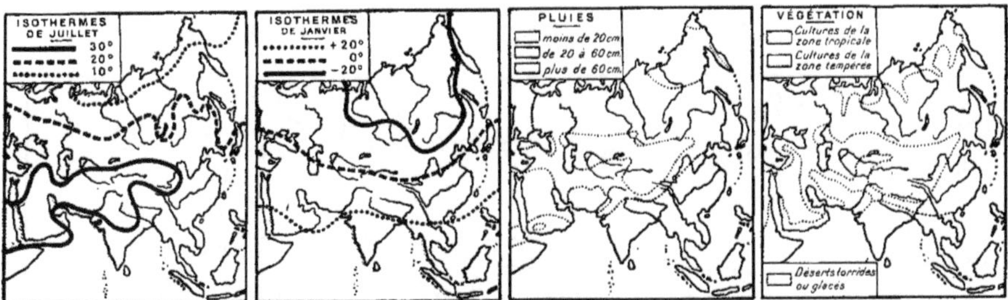

Son étendue égale plus de quatre fois celle de l'Europe.

3. Mers et côtes. — L'**Océan Glacial Arctique**, au Nord, borde une côte basse presque toujours gelée.

L'**Océan Pacifique** borde l'Asie à l'Est, depuis le Détroit de Béring jusqu'au Détroit de Malacca.

Il baigne les Presqu'îles du Kamtchatka, de Corée et de Malacca.

Il entoure les Archipels du Japon et de l'Insulinde ; les Iles Sakhaline, Formose et Haïnan.

Il forme la Mer d'Okhotsk, la Mer du Japon, la Mer Jaune, la Mer de Chine, la Mer de Java et la Mer de Célèbes ; les Golfes du Tonkin et de Siam.

L'**Océan Indien** borde l'Asie, au Sud, depuis le Détroit de Malacca jusqu'à l'Isthme de Suez.

Il baigne trois grandes Presqu'iles : l'Indo-Chine, l'Inde et l'Arabie, et il entoure l'Ile Ceylan.

Il forme le Golfe du Bengale, la Mer d'Oman, le Golfe Persique, et la Mer Rouge, dont l'entrée resserrée porte le nom de Détroit de Bab-el-Mandeb.

La **Méditerranée** borde l'Asie à l'Ouest. Elle forme l'Archipel ou Mer Egée et la Mer Noire ; baigne la Presqu'île d'Asie Mineure, et entoure les Iles de Chypre et de Rhodes.

4. Relief du sol. — L'Asie possède le relief le plus élevé des cinq Parties du monde. Son altitude moyenne dépasse 1.000 mètres, alors qu'elle n'est que de 660 m. en Afrique ; de 580 m. en Amérique ; de 360 m. en Australie et de 300 m. en Europe. Les plus vastes plateaux et les montagnes les plus élevées se trouvent sur son territoire.

Le *Plateau de Pamir*, appelé le *Toit du monde* à cause de ses 5.000 mètres d'altitude, en occupe à peu près le centre. De là se détachent la plupart des chaînes et des plateaux de l'Asie :

Au Sud-Est, l'*Himalaya*, avec le *Mont Everest*, le plus haut sommet du Globe, 8.880 m. et 17 autres pics dépassant 8.000 mètres ; il est séparé du *Karakoroum* par la haute vallée de l'Indus.

A l'Est, le *Kouen-Lun* qui limite, au Nord, le haut et vaste *Plateau du Thibet*, dont l'altitude est rarement inférieure à 5.000 mètres.

Au Nord-Est, les *Monts Célestes* suivis des *Monts Altaï*, *Saïansk*, *Yablonoï* et *Stanovoï* qui séparent les *Plaines de la Sibérie*, au Nord, des *Déserts de Gobi* ou de *Mongolie*, au Sud.

A l'Ouest, l'*Hindou-Kouch* prolongé par le *Plateau de l'Iran*, le *Plateau d'Arménie* avec le *Mont Ararat*, et le *Plateau de l'Asie Mineure*. (*Voir*, p. 4, 1re image.)

Aux frontières occidentales s'élèvent le *Caucase* et l'*Oural*.

Les *Plateaux du Dékan* et de l'Arabie sont isolés au Sud-Est.

Au pied de ces montagnes et de ces plateaux s'étendent de vastes plaines : au Nord, l'immense *Plaine de la Sibérie* ; à l'Est, au Sud et à l'Ouest, les *Plaines de la Chine*, de l'*Inde* et de la *Mésopotamie*.

5. Climat et productions naturelles. — L'Asie s'étend de l'Équateur jusqu'aux environs du Pôle Nord ; aussi a-t-elle tous les climats, et, par suite, des productions végétales et animales très variées.

Le Nord est une immense plaine au *climat glacial*, où se succèdent, suivant la latitude, trois zones de végétation : d'abord la *toundra*, vaste plaine marécageuse et glacée, couverte, par endroits, des mousses et des lichens dont se nourrissent les rennes ; puis la *forêt* où l'on chasse des animaux à fourrure ; enfin, la *steppe* propre à la culture des céréales et à l'élevage.

Le Centre, éloigné de toute influence marine, a un *climat continental*, excessif et très sec : aussi l'Arabie, le Plateau de l'Iran, le Turkestan, la Mongolie et le Thibet sont-ils, en grande partie, de vastes *déserts*. La végétation ne se rencontre que dans les oasis et dans les terres irriguées.

Le Sud a un *climat tropical* : les chaleurs sont toujours fortes et les pluies abondantes ; durant les six mois d'été, il y pleut à peu près tous les jours. C'est le *pays des moussons* où croissent des *forêts* et des *jungles* aux grandes herbes, au milieu desquelles vivent les *éléphants* et les *tigres*. (*Voir, page 4, 2e image.*)

6. Cours d'eau et lacs. — La plupart des fleuves de l'Asie rayonnent des hauts plateaux du centre vers les trois Océans qui la baignent.

Les fleuves du Nord sont abondants, mais peu utiles, car ils restent gelés la plus grande partie de l'année. Ils portent leurs eaux à l'Océan Glacial Arctique. Les principaux sont : l'*Obi* grossi de l'*Irtych*, l'*Iénisséi* et son affluent l'*Angara* qui lui amène les eaux du *Lac Baïkal*, enfin la *Léna*.

Les fleuves de l'Est et du Sud sont abondants et généralement navigables. Dans l'Océan Pacifique se jettent : l'*Amour*, le *Fleuve Jaune*, le *Fleuve Bleu*, le *Si-Kiang*, le *Song-Koï* et le *Mékong*. Dans l'Océan Indien : le *Brahmapoutre*, le *Gange*, l'*Indus*, le *Tigre* et l'*Euphrate*.

Des bassins fermés occupent le tiers de l'Asie. Les maigres cours d'eau qui s'y rencontrent sont en partie absorbés par les sables qu'ils traversent, et ils se terminent dans des lacs salés en voie de dessèchement. Les principaux sont : la *Mer Caspienne* qui reçoit l'*Oural*, généralement pris comme limite entre l'Europe et l'Asie ; la *Mer d'Aral* où affluent le *Syr-Daria* et l'*Amou-Daria*, le *Lac Balkach* et le *Lob-Nor* où se jette le *Tarim*.

DEVOIR ÉCRIT. — 1. *Exercice 1 du Cahier de Croquis.* — 2. *Décrivez le climat et les cours d'eau de l'Asie.*

2ᵉ Leçon. — L'ASIE HUMAINE. — SIBÉRIE ET TURKESTAN

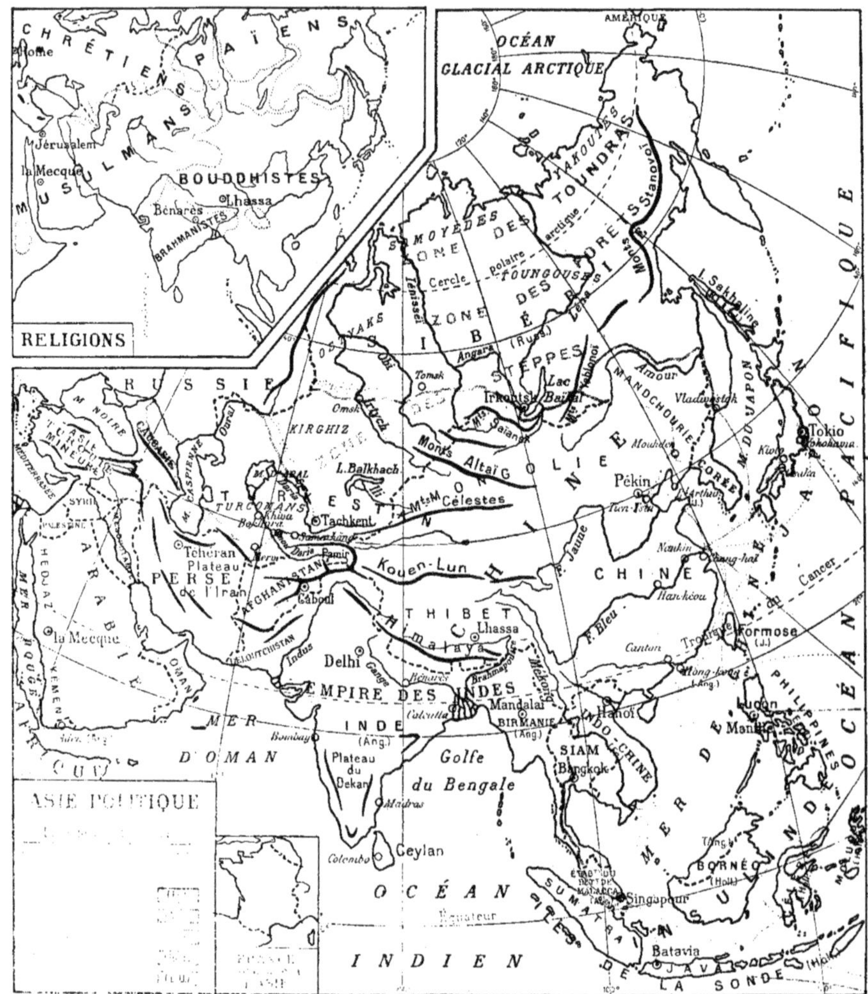

1. **Population et races.** — L'Asie compte 780 millions d'habitants (30 au km²) : c'est la moitié de la population du Globe. Elle est très inégalement répartie : tandis que le Centre et le Nord sont presque déserts, le Sud et l'Est sont surpeuplés.

La *race blanche* occupe le sud-ouest de l'Asie, jusqu'au Gange ; tout le reste est peuplé par la *race jaune*.

2. **Religions.** — L'Asie fut le berceau des principales religions qui se partagent le monde ; plusieurs lui sont spéciales.

Le *Judaïsme* et le *Christianisme* ont même patrie : la Palestine ; les Juifs sont peu nombreux en Asie ; les chrétiens (33 millions) y vivent dispersés au milieu des populations païennes.

L'*Islamisme* ou *Mahométisme* fut fondé en Arabie

par Mahomet ; ses temples portent le nom de mosquées. Il domine dans l'Asie occidentale.

Le *Brahmanisme* est la religion des Hindous. Il admet des classes sociales fermées, appelées castes ; la principale est celle des prêtres ou brahmanes ; il y a aussi des parias, c'est-à-dire des hommes hors castes.

Le *Bouddhisme* vient du Brahmanisme, mais il rejette le système des castes. Il domine parmi les *Jaunes*. Il a ses prêtres ou bonzes, ses moines ou lamas, et ses temples ou pagodes.

3. Divisions politiques. — Les contrées de l'Asie baignées par la Méditerranée sont appelées *Pays du Proche Orient* ou *du Levant* ; celles qui sont plus à l'Est, jusqu'au Golfe du Bengale, *Pays d'Orient* ; celles qui sont à l'Est de ce Golfe, *Pays d'Extrême-Orient*.

L'Asie compte plusieurs **États indépendants.** Les principaux sont, à l'Est : le *Japon*, la *Chine* et le *Siam* ; à l'Ouest, l'*Afghanistan*, la *Perse*, la *Turquie* et les États de *Syrie*, de *Mésopotamie* et d'*Arabie*. Les autres contrées de l'Asie, plus de la moitié, appartiennent à des puissances étrangères : à la Russie, à l'Angleterre, à la France, à la Hollande et aux États-Unis.

L'Asie russe égale 29 fois l'étendue de la France et compte 82 millions d'habitants. Elle comprend la *Sibérie*, le *Turkestan* occidental et la *Caucasie*.

L'Asie anglaise égale 9 fois l'étendue de la France et compte 300 millions d'habitants. Elle comprend l'*Inde*, le *Béloutchistan* et la *Birmanie* qui forment l'*Empire des Indes* ; l'*Ile Ceylan*, les *Établissements du Détroit* de Malacca, et une partie de Bornéo.

L'Asie française égale près de 2 fois l'étendue de la France et compte 17 millions d'habitants. Elle comprend l'*Indochine française* et les cinq *Comptoirs de l'Inde*.

L'Asie hollandaise égale 3 fois l'étendue de la France et compte 47 millions d'habitants. Elle comprend la plus grande partie de l'*Insulinde* : *Sumatra*, *Java*, *Célèbes*, les *Moluques* et les 2/3 de *Bornéo*.

Les États-Unis sont maîtres des *Philippines*.

4. Relations commerciales de l'Asie avec l'Europe et l'Amérique. — Le commerce de l'Asie avec l'Europe et les États-Unis d'Amérique comprend l'importation des tissus et des objets manufacturés en échange des produits alimentaires : riz, blé, thé, épices, et des matières premières pour l'industrie : soie, coton, peaux.

Ce commerce se fait par de nombreuses lignes de navigation qui relient les ports de l'Europe et des États-Unis à ceux de l'Asie, et par de grandes voies ferrées : le Transsibérien, le Transaralien, le Transcaspien et la Ligne de Bagdad.

Les lignes télégraphiques de l'intérieur de l'Asie sont rattachées aux lignes terrestres russes, et aux lignes sous-marines anglaise de l'Océan Indien, et américaine du Pacifique qui aboutit à San Francisco.

SIBÉRIE

5. Situation et étendue. — La Sibérie occupe tout le nord de l'Asie, depuis l'Oural jusqu'au Pacifique. Son étendue dépasse celle de l'Europe.

6. Le climat est continental et excessif : l'hiver, long et terrible, est suivi, presque sans transition, d'un été court mais assez chaud pour mûrir les céréales dans les plaines du Sud-Ouest ; la sécheresse et le froid augmentent du Sud-Ouest au Nord-Est.

Les fleuves de la plaine du Nord : l'*Obi*, grossi de l'*Irtych* ; l'*Iénisséï* qui déverse, par l'*Angara*, les eaux du *Lac Baïkal*, et la *Léna*, sont lents, peu abondants et réguliers, mais ils sont encombrés de glaces en hiver, et finissent sur une mer glacée ; ils sont peu utiles.

Les fleuves de la Sibérie orientale (l'*Amour* est le principal) traversent une région montagneuse ; ils sont abondants mais irréguliers.

7. Régions et Productions. — La Sibérie comprend deux grandes régions. Au Sud, de hautes **chaînes de montagnes** : les *Monts Célestes*, l'*Altaï*, les *Monts Saïansk*, *Yablonoï* et *Stanovoï* qui sont riches en mines d'*or* et d'*argent*. Au Centre et au Nord, une immense plaine divisée par le climat en trois zones végétales : la *steppe*, la *forêt* avec des *animaux à fourrure*, et la *toundra* marécageuse et glacée.

Les cultures de *céréales* et l'élevage des *bêtes à cornes* et de la *volaille* se développent dans la zone des steppes, le long du Transsibérien. Cette voie ferrée unit la Russie au Pacifique et dessert les principales villes de la Sibérie ou en est peu éloignée : *Omsk* (130.000 h.) sur l'Irtych, *Tomsk* (160.000 h.), *Irkoutsk* (150.000 h.), la capitale, sur l'Angara, et *Vladivostok* (100.000 hab.) sur le Pacifique.

8. La population, très clairsemée, ne compte que 8 millions d'habitants (1 par 2 km²). Elle comprend des Russes, groupés le long du Transsibérien, dans la zone des cultures et des mines, et des Indigènes (à peine 600.000) de race jaune, à demi-sauvages et païens, vivant de pêche et de chasse : les Samoyèdes et les Yakoutes, au Nord, dans la zone des toundras ; les Ostyaks et les Toungousses, au Centre, dans la zone des forêts.

TURKESTAN

9. Le Turkestan a pour limites le Fleuve Oural et la Caspienne à l'Ouest ; le Plateau de l'Iran et le Kouen-Lun au Sud ; la Mongolie à l'Est, et la ligne de partage des eaux allant des sources de l'Irtych à celles de l'Oural.

Le Pamir et les Monts Célestes divisent ce vaste territoire en deux parties : le *Turkestan oriental* ou *chinois* et le *Turkestan occidental* ou *russe*.

10. Le Turkestan russe a 6 fois l'*étendue* de la France. C'est un désert torride en été, glacé en hiver, et toujours sec, sauf dans les vallées du Sud-Est que fertilisent les eaux descendues du Pamir.

La population est de 12 millions d'habitants (4 au km²). Celle qui occupe les vallées fertiles du Sud-Est, est de race blanche et de religion musulmane. Elle cultive le *cotonnier*, les *arbres fruitiers* et le *mûrier* pour l'élevage du ver à soie. *Tachkent* (280.000 h.) la capitale, *Samarkand*, *Bokhara* et *Merw* (200.000 hab.) sont réunis par le Transcaspien.

Les steppes désertiques, dont les rares eaux se rendent à la Mer Caspienne par l'Oural, à la Mer d'Aral par le Syr-Daria et l'Amou-Daria, et au Lac Balkhach par l'Ili, sont parcourues par quelques pasteurs nomades de race jaune : les *Kirghiz* au Nord et les *Turcomans* au Sud. Ces derniers forment des clans plus ou moins groupés sous la suzeraineté de Khans qui résident dans les oasis de *Bokhara* et de *Khiva*.

DEVOIR ÉCRIT. — 1. *Exercice 2 du Cahier de Croquis.* — 2. *Quelles sont les productions de la Sibérie et du Turkestan russe ? Nommez les chemins de fer de cette région et les villes qu'ils desservent.*

3e Leçon. — LA CAUCASIE ET LA TURQUIE

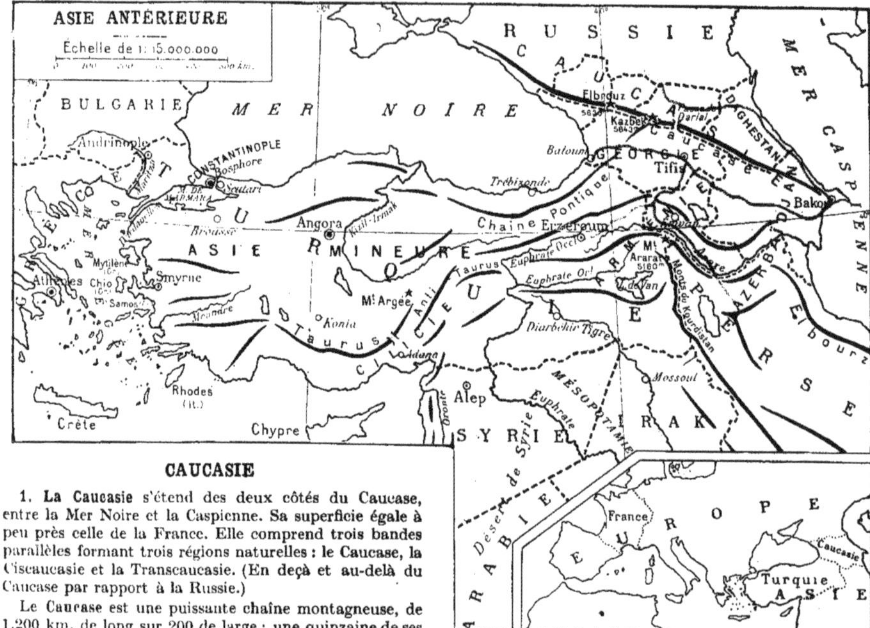

CAUCASIE

1. La Caucasie s'étend des deux côtés du Caucase, entre la Mer Noire et la Caspienne. Sa superficie égale à peu près celle de la France. Elle comprend trois bandes parallèles formant trois régions naturelles : le Caucase, la Ciscaucasie et la Transcaucasie. (En deçà et au-delà du Caucase par rapport à la Russie.)

Le Caucase est une puissante chaîne montagneuse, de 1.200 km. de long sur 200 de large ; une quinzaine de ses sommets dépassent la hauteur du Mont Blanc ; l'*Elbrouz* a 5.630 mètres, le *Kazbek*, 5.843.

En dehors de ses extrémités, il n'est franchissable qu'au centre, à la *Passe de Darial*. (*Voir* 1re *image*.) Ses deux versants sont bien arrosés et couverts de forêts jusqu'aux neiges persistantes.

La Ciscaucasie s'étend au nord du Caucase. C'est une plaine herbeuse, une steppe, au climat sec et excessif, où des nomades élèvent des troupeaux.

1. — **La Passe de Darial,** au pied du Kazbek, est la seule dépression franchissable du Caucase central. Elle est parcourue par une route carrossable défendue par des forts. Tiflis en garde l'entrée méridionale, et Vladicaucase (Dompte Caucase), l'entrée septentrionale.

La **Transcaucasie,** au sud du Caucase, est une longue plaine sèche et déserte, à l'Est ; chaude, humide et fertile en céréales et en fruits, à l'Ouest. Elle s'appuie au Sud aux Monts de l'Arménie où s'élève l'Ararat.

2. La population de la Caucasie est de 12 millions d'habitants (25 au km²). Elle comprend des Blancs chrétiens ; Russes, Géorgiens et Arméniens, et des Jaunes musulmans: Tartares et Turcs. Elle a profité de la désorganisation de l'Empire russe pour former plusieurs républiques : la Géorgie à l'Ouest, capitale *Tiflis* (*Voir* 2e *image*) : l'Arménie au Sud, capitale *Erivan* ; l'Azerbaïdjan, à l'Est, capitale *Bakou*, la ville du pétrole ; et le Daghestan, au Nord-Est.

La principale richesse de la Caucasie est le *pétrole* qu'on exploite surtout aux environs de Bakou. Une voie ferrée Bakou-Tiflis-Batoum, doublée par une canalisation, assure son transport à Batoum, d'où il est embarqué pour l'Europe. (*Voir* 3e *image*.)

TURQUIE

3. Situation et Aspect. — La Turquie s'étend sur l'*Asie Mineure*, une partie de l'*Arménie*, et en Europe, sur une bande de territoire en bordure des Dardanelles, de la Mer de Marmara et du Bosphore. (*Voir* 4e *image*.)

L'Asie Mineure est une presqu'île située entre la *Méditerranée*, la *Mer Egée*, la *Mer de Marmara* et la *Mer Noire*. Son étendue égale presque celle de la France. Elle est formée d'un haut plateau d'un millier de mètres

Communiqué par la Soc. de Géog. de Paris.

2. — **Tiflis**, la capitale de la Géorgie ancienne et moderne, s'élève sur les deux rives de la Koura qui longe le pied méridional du Caucase et porte ses eaux à la Caspienne. Dans sa traversée de la ville, le fleuve est bordée de rives escarpées qui, en certains points, n'ont pas plus de 20 mètres d'écartement. Remarquer la forteresse qui domine la ville, à gauche de l'image.

Phot. du Vérascope Richard.

3. — **Les puits de pétrole de Bakou** donnent au paysage un aspect très caractéristique. Le pétrole est amené, par des tuyaux de fonte, des puits d'extraction jusqu'à Bakou, pour y être distillé dans une centaine d'usines. Il est ensuite expédié à Batoum soit par une conduite métallique de 900 km. de long, soit par des wagons-réservoirs.

d'altitude moyenne où s'élèvent d'anciens volcans comme le *Mont Argée*, et que sillonnent de longs plissements orientés de l'Ouest à l'Est. Ces plissements arrivent perpendiculairement aux côtes de la Mer Égée qu'ils frangent de presqu'îles et d'îles telles que *Mytilène, Chio, Samos et Rhodes*. Le Plateau de l'Asie Mineure est encadré, au Nord, par la *Chaîne Pontique* ; au Sud, par le *Taurus*, et, à l'Est, par l'*Anti-Taurus*.

L'**Arménie** est une région montagneuse dominée par la masse volcanique de l'Ararat. Elle est creusée de vallées profondes où coulent, en torrents sauvages, les cours supérieurs de l'Araxe, du Tigre et de l'Euphrate. Dans les replis de ces montagnes se cachent plusieurs lacs fermés ; le Lac Van est le plus étendu.

4. Climat et Productions. — Tandis que la bordure littorale et les îles ont un climat tempéré et humide, celui des plateaux intérieurs, fermés à l'influence maritime par le rebord montagneux, est continental et excessif.

Les cours d'eau sont courts, torrentueux et irréguliers comme les pluies qui les forment. Leur forte pente détermine un travail d'érosion considérable qui alluvionne les côtes. Ils ne sont pas navigables, mais servent à l'irrigation. Le *Kizil-Irmak* est le plus long de l'Asie Mineure ; le *Menderech* ou *Méandre*, le plus connu, car il donne son nom aux sinuosités des cours d'eau.

Les plateaux intérieurs sont incultes ; ils nourrissent des *moutons* et des *chèvres angora* au poil fin ; seules les vallées humides sont cultivées.

La zone côtière et les îles ont des *vignes*, des *oliviers* et des *céréales*.

5. Population et villes. — La population de la Turquie. évaluée à 9 millions d'habitants, est surtout groupée sur le littoral et dans les îles ; elle se compose de *Turcs musulmans* et de quelques *Arméniens chrétiens*.

Constantinople (1 million d'h.) occupe une situation unique entre l'Europe et l'Asie. Elle est bâtie sur une presqu'île triangulaire limitée par la Mer de Marmara, le Bosphore et la Corne d'Or, sorte de golfe très allongé qui sert de port.

Angora, la résidence du gouvernement, est unie, par une voie ferrée, à la grande *Ligne de Bagdad* sur laquelle se trouve **Konia**.

Scutari (85.000 h.), sur le Bosphore, s'élève en face de Constantinople dont elle est le faubourg asiatique et la nécropole.

Brousse (110.000 h.), près de la Mer de Marmara, travaille la soie ; elle a des minoteries et des tanneries.

Smyrne, la première ville d'Asie Mineure jusqu'à ces derniers temps, a été incendiée durant la guerre gréco-turque de 1922.

Trébizonde est le principal port turc de la Mer Noire.

Erzeroum, sur l'Euphrate, et **Diarbékir**, sur le Tigre, sont les principales villes de l'Arménie turque.

Adana est en Cilicie.

Les îles sont plus fertiles et plus peuplées que l'ensemble de l'Asie Mineure.

Mytilène exporte de l'huile d'olive ; *Chio*, des vins et des fruits ; *Samos*, des vins renommés. Ces îles ont été cédées à la Grèce.

Rhodes, illustrée par les chevaliers de Saint-Jean de Jérusalem, produit d'excellents fruits ; elle appartient à l'Italie.

Chypre exporte des vins ; elle relève de l'Angleterre.

DEVOIR ÉCRIT. — 1. *Exercice 3 du Cahier de Croquis.* — 2. *Décrivez le relief du sol de la Caucasie.* — 3. *Parlez des productions de la Turquie.*

Phot. Molteni.

4. — **Le Bosphore** vu d'Europe. Ses deux rives portent une suite de forts, de palais et de villas perdus dans la verdure. Le *Château d'Europe*, dont les tours et les murs à créneaux se détachent sur le Bosphore, est une ancienne forteresse construite par les Turcs, l'année qui précéda leur prise de Constantinople ; elle renferme tout un village dans son enceinte crénelée de dix mètres d'épaisseur.

4ᵉ Leçon. — LA SYRIE-PALESTINE

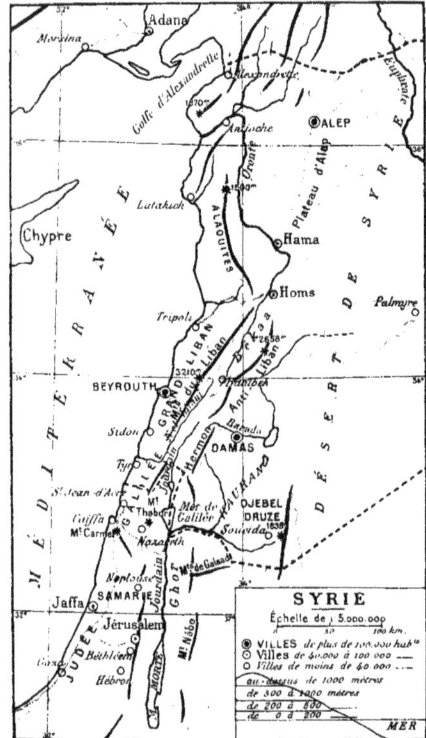

1. Situation et aspect. — La Syrie est une bande de terre de 700 km. de long sur 150 de large. Elle s'étend le long de la Méditerranée orientale entre l'Asie Mineure et l'Arabie. Cette région, surtout la partie méridionale, la Palestine, intéresse tous les chrétiens, parce que c'est là que se sont passés les grands faits de l'Histoire du peuple de Dieu, de la vie de Notre-Seigneur Jésus-Christ et des origines de l'Église.

Deux soulèvements parallèles partagent cette bande en trois régions longitudinales. A l'Ouest, le long de la Méditerranée : les *Monts des Alaouites*, le *Liban*, les *Monts de la Galilée* avec le *Thabor* et le *Carmel ;* enfin les *Monts de la Samarie* et de la *Judée*. A l'Est : le *Plateau d'Alep*, l'*Anti-Liban*, l'*Hermon*, les *Monts de Galaad* et le *Mont Nébo*. (*Voir* 1ʳᵉ *et* 7ᵉ *images*.)

Entre ces deux soulèvements se creuse une longue dépression : la *Békaa* que parcourt l'*Oronte*, et le *Ghor* que draine le *Jourdain*. Ce fleuve forme la *Mer de Galilée* et se jette dans la *Mer Morte*, dont le niveau est à 400 m. au-dessous de la Méditerranée. (*Voir* 2ᵉ *image*.)

Les chaînes orientales descendent en pentes douces vers les plateaux qui forment le *Désert de Syrie*, d'où émerge la haute et fertile région du *Hauran*.

2. Climat et productions. — Le climat de la Syrie varie de l'Ouest à l'Est. Il est tempéré le long de la Méditerranée : rigoureux, en hiver, sur les plateaux et les montagnes ; très chaud, en été, dans la dépression centrale ; sec et excessif dans la région orientale.

Les productions agricoles varient avec les régions et avec le climat. Les plaines littorales, la Békaa et le Hauran ont des cultures de *céréales*, de *légumes* et d'*arbres fruitiers ;* les montagnes ont été trop déboisées, elles ne portent que de maigres pâturages où paissent des troupeaux de *chèvres* et de *brebis ;* le Ghor et les régions orientales sont des déserts que parcourent les nomades.

3. Population et gouvernement. — La population de la Syrie dépasse 4 millions d'habitants. Comme l'humidité, elle diminue de l'Ouest à l'Est : assez dense sur la Médi-

1. **Les Monts du Liban**, vus de Beyrouth, apparaissent comme une succession de montagnes de plus en plus hautes, dont les dernières sont couvertes de neiges 4 ou 5 mois par an. Ils portaient jadis de grandes forêts de cèdres dont on retira les charpentes du Temple de Salomon ; il ne reste plus aujourd'hui que quelques petits bois ; le plus important est situé à 1.920 mètres d'altitude au **sud-est de** Tripoli : c'est un bouquet de 400 cèdres dont une dizaine seulement paraissent antiques. La ville de Beyrouth est assise au pied du Liban et au bord de la Méditerranée ; elle disperse ses maisons, aux toits de tuiles rouges, dans la verdure de ses jardins.

2. **Le lac de Tibériade** a 21 km. de long sur 12 de largeur moyenne et de 20 à 45 mètres de profondeur. Son nom lui vient de la ville bâtie sur sa rive occidentale et ainsi appelée en l'honneur de l'empereur Tibère. Cette ville se devine au pied du mamelon surplombant la rive du lac, à droite de l'image. Le nom de *Mer de Galilée*, qu'on donne aussi à ce lac, lui vient de la province voisine ; celui de *Lac de Génésareth*, d'une fertile plaine qui borde ses rives au Nord-Ouest. Ce fut parmi les pêcheurs de ce lac que Notre-Seigneur choisit ses premiers Apôtres. Il rappelle aussi les deux pêches miraculeuses et la tempête apaisée.

3. — **Damas**, la reine du désert, est la plus grande ville de la Syrie. Elle s'étale, au pied de l'Anti-Liban, dans une oasis créée par les eaux du Barada, dont le cours est marqué, sur l'image, par la longue bande noire signalant la sombre verdure des arbres qui longent cette petite rivière aux eaux abondantes.

4. **Alep** est une ville bien orientale, avec ses maisons cubiques et ses toits à terrasses, ses nombreuses mosquées à coupoles et ses hauts minarets. Elle est dominée par les murs et les tours à créneaux d'une vieille citadelle bâtie sur une butte de terre, entourée d'un fossé, d'un mur et d'un boulevard.

5. — **Les ruines de Baalbeck** se trouvent dans la Békaa, non loin du Liban, dont la chaîne neigeuse apparaît ici au dernier plan. Du milieu de ces ruines grandioses, s'élèvent six majestueuses colonnes encore réunies par leur entablement. C'est tout ce qui reste du temple de Baal, qui donna son nom à la ville.

terranée, elle est presque nulle dans les régions orientales.

Les populations syriennes sont fort mêlées ; elles se groupent par religions. On compte environ 3 millions de Musulmans, près de 900.000 Catholiques, 600.000 Chrétiens non catholiques et 150.000 Juifs.

La France a reçu mandat sur la Syrie proprement dite ; l'Angleterre, sur la Palestine. La mission des mandataires est d'aider les populations de ces pays à se grouper par races ou par religions pour former des États particuliers qui pourront ensuite s'unir en fédération.

La Syrie forme déjà cinq gouvernements : 1° l'État du Grand Liban, capitale *Beyrouth*, ville principale, *Tripoli ;* 2° les États confédérés, avec *Damas* pour capitale, de **Damas**, d'**Alep**, des **Alaouites**, capitale *Latakieh*, et du **Djebel-Druze**, capitale *Soueida*.

4. **Villes.** — **Damas** (170.000 h.) occupe une oasis, à l'entrée du désert. Au Nord et au Nord-Est, sont les ruines grandioses de deux villes célèbres dans l'antiquité : *Baalbeck* et *Palmyre*. (*Voir 3° et 5° images*.)

Alep (130.000 h.) occupe, comme Damas, une oasis à l'entrée du désert, sur la route des caravanes ; elle a pour port *Alexandrette*. (*Voir 4° image*.)

Beyrouth (100.000 h.) est la capitale du Grand Liban. Au Sud de Beyrouth sont les ruines de *Sidon* et de *Tyr*, les deux principales villes de la Phénicie ancienne. (*Revoir 1re image*.)

Antioche (30.000 h.) fut, après Rome et Alexandrie, la plus grande ville de l'empire romain.

Saint-Jean d'Acre, **Caiffa**, **Jaffa** et **Gaza**, en Palestine, sont des ports.

Hébron, qui garde les tombeaux d'Abraham et de sa famille ; **Naplouse**, l'antique Sichem ; **Bethléem**, où Notre-Seigneur est né ; **Nazareth**, où il a vécu ; **Jérusalem** (70.000 h.), où il est mort et ressuscité, sont les villes les plus célèbres de la Palestine. (*Voir 6° image*.)

DEVOIR ÉCRIT. — 1. *Exercice 4 du Cahier de Croquis*. — 2. *Indiquez les voies ferrées de la Syrie et les villes qu'elles desservent*.

6. — **Jérusalem**. — Cette vue est prise de l'Est, à mi-côte du *Mont des Oliviers*. Elle est encadrée par deux beaux spécimens d'antiques oliviers. Au second plan, on voit le *Jardin de Gethsémani* marqué par cinq cyprès ; plus loin, le long mur qui supporte l'*esplanade du Temple* occupée aujourd'hui par la *Mosquée d'Omar* couronnée d'une grande coupole ; enfin, la ville avec clochers et minarets, et à droite, cachée par l'olivier du premier plan, la *Basilique du Saint-Sépulcre* qui recouvre la colline du *Calvaire*.

7. — **Le Mont des Oliviers** vu de Jérusalem. Il fait partie des *Monts de Judée* et s'élève à 810 m. au-dessus de la Méditerranée, mais il ne domine la *Vallée du Cédron* (au premier plan), que d'une centaine de mètres. Trois tours surmontent le sommet du mont : à gauche, la tour des Russes ; au centre, le minaret d'une mosquée (ancienne église chrétienne élevée sur le lieu même de l'Ascension) ; à droite, le clocher du couvent du *Pater*, construit à l'endroit où Notre-Seigneur aurait enseigné cette sublime prière.

5e Leçon. — L'ARABIE, LA MÉSOPOTAMIE ET L'IRAN

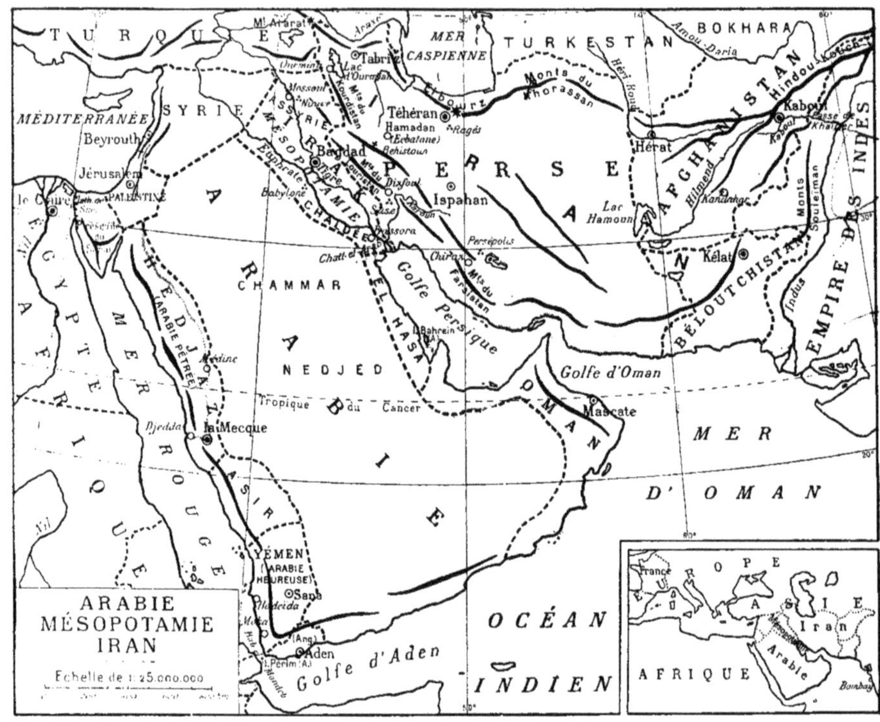

ARABIE

1. L'Arabie est une grande presqu'île rectangulaire, 6 fois grande comme la France, entourée par la Mer Rouge, l'Océan Indien et le Golfe Persique. Elle forme un plateau sablonneux et aride, incliné vers le Golfe Persique et encadré, à l'Ouest et au Sud, par des montagnes de 2 à 3.000 mètres d'altitude.

Le climat est sec et excessif. Le pourtour montagneux reçoit quelques pluies ; cette région produit de l'*encens*, de la *gomme arabique* et du *café*, dit *moka*, du nom du port qui l'expédiait autrefois. Les oasis du Chammar et du Nedjed donnent des dattes. Le pays élève des *chameaux* et de petits *chevaux arabes*.

L'Arabie est peuplée de **6 millions d'Arabes** musulmans, comprenant des agriculteurs sédentaires et des pasteurs nomades ou Bédouins. Ils forment plusieurs groupes politiques :

La Presqu'île du Sinaï, massif montagneux et aride, dépend de l'Égypte.

Le Royaume de l'Hedjaz (Arabie Pétrée des anciens) a pour capitale *La Mecque* (80.000 hab.), le berceau de l'Islam (*Voir l'image*) : *Médine*, garde le tombeau de Mahomet. La voie ferrée de l'Hedjaz ou des pèlerinages atteint Médine et doit se prolonger jusqu'à La Mecque et au port de Djedda.

L'Imanat du Yémen (l'Arabie Heureuse des anciens), capitale *Sana* (45.000 h.), avec le port de *Hodéïda* (50.000 h.) qui a remplacé Moka.

Les Émirats du Chammar et du Nedjed, et le Sultanat d'El Hasa.

L'Angleterre commande l'entrée du Bab-el-Mandeb par l'*Ilot de Périm* et le port d'*Aden ;* elle a des pêcheries de perles dans les *Iles Bahrein*, et elle exerce une sorte de protectorat sur le **Sultanat d'Oman**, capitale *Mascate*.

MÉSOPOTAMIE

2. La Mésopotamie (*Entre les fleuves*) comprend les *Vallées du Tigre et de l'Euphrate*. C'est une vaste plaine alluviale, à peine ondulée, égale à la moitié de la France.

Le climat mésopotamien est continental, sec et excessif. En hiver, le vent du Nord est glacial ; en été, celui du Sud est suffocant. Les *pluies* étant très rares, toute la fertilité du pays vient de l'*irrigation*. Elle n'est pratiquée qu'aux bords du Tigre et de l'Euphrate où l'on cultive du *blé* et du *riz ;* le reste du pays est un steppe désertique. Il existe du *pétrole* aux environs de Mossoul.

La **population** (un million et demi d'habitants) comprend surtout des **Arabes** musulmans, la plupart agriculteurs sédentaires, et quelques pasteurs nomades (les *Bédouins*).

Le pays est sous le mandat de l'Angleterre et forme le *Royaume de l'Irak*.

Bagdad (230.000 h.), sur le Tigre, au nord-est des ruines de l'antique *Babylone*, est la capitale et l'entrepôt de la Mésopotamie. Elle est reliée à l'Asie Mineure par la *Ligne de Bagdad*, et au Golfe Persique par un service régulier de bateaux.

Mossoul (80.000 h.) est bâtie sur le Tigre, dans l'ancienne Assyrie, et près des ruines de *Ninive*.

Bassora (80.000 h.), sur le Chatt-el-Arab, dans l'ancienne Chaldée, est reliée à Bombay par un service régulier de paquebots.

IRAN

3. Situation et Aspect. — L'Iran est une vaste région 5 fois grande comme la France, comprise entre la Mer Caspienne, les Vallées de l'Amou-Daria et de l'Indus, la Mer d'Oman, le Golfe Persique et la Vallée du Tigre.

Cet immense territoire se divise en trois régions : le pourtour montagneux, le plateau intérieur et les côtes.

Le **pourtour montagneux** comprend : au Nord : l'*Elbourz*, les *Monts du Khorassan* et l'*Hindou-Kouch ;* à l'Est, les *Monts Souléiman ;* au Sud et à l'Ouest, les *Monts du Farsistan*, du *Louristan* et du *Kourdistan*.

Ces montagnes ont de 4 à 5.000 mètres d'altitude. Elles entourent un haut **plateau** sablonneux déprimé vers le centre et en grande partie désert.

Les **côtes** sont basses, malsaines et désertes.

4. Climat et hydrographie. — Le climat iranien est continental et excessif. Il y pleut rarement, et ce sont les montagnes du pourtour qui reçoivent toutes les pluies ; aussi, ces régions sont-elles à peu près les seules parties fertiles et peuplées. Les eaux des versants extérieurs vont aux mers voisines par des cours d'eau sans importance ; le principal est le *Karoun* affluent du *Chatt-el-Arab*. Celles des versants intérieurs se perdent dans des lacs salés, tels les *Lacs d'Ourmiah* et *Hamoun*.

5. Vie économique. — Les **collines** et les **vallées** du pourtour montagneux sont fertiles, mais elles n'occupent que la cinquantième partie du sol. Elles produisent des *céréales*, des *fruits*, du *coton*, et des *mûriers* pour l'élevage du ver à soie. Dans les **steppes**, on élève des *chameaux*, des *chevaux* et des *moutons*.

L'**industrie** produit des *broderies*, des *tapis* et des *armes ciselées*.

L'**exportation** des *chevaux* et des *tapis* est bien dépassée par l'**importation** de *cotonnades*, du *sucre* et du *riz*.

La plupart des **transports** se font par caravanes, car les chemins de fer y sont à peu près inconnus ; les routes sont peu nombreuses, et les côtes, inhospitalières ; seul le Karoun est navigable sur 250 km.

6. Divisions politiques. — L'**Iran** appartenait en entier, autrefois, au royaume de *Perse ;* l'*Afghanistan* et le *Béloutchistan* s'en sont détachés au XVIIIe siècle. La population est de *race blanche* ou *iranienne* et de religion musulmane.

7. La Perse comprend les 3/5 de l'Iran, c'est-à-dire

La Mecque est la patrie de Mahomet et la ville sainte des Musulmans ; elle possède une grande mosquée formée d'une vaste cour rectangulaire, de 150 mètres sur 125, entourée d'arcades. Au milieu se trouve la *Kaaba*, petite salle de 12 mètres sur 10 et de 6 mètres de haut, dans laquelle des lampes d'or et d'argent brûlent constamment en l'honneur de la Divinité.

une étendue égale à 3 fois celle de la France ; elle est peuplée de 9 millions d'habitants. C'est un *royaume constitutionnel* gouverné par le *Shah*, assisté d'un *parlement*.

Les **villes** sont toutes au pourtour, et en des points tellement indiqués par le sol et le climat qu'elles se trouvent toutes au voisinage des villes anciennes.

Téhéran (350.000 h.), la capitale, est située au pied de l'Elbourz, près des ruines de l'antique *Ragès*.

Tabriz ou **Tauris** (200.000 h.) est une ville commerçante.

Hamadan, l'ancienne *Ecbatane*, est à une centaine de kilomètres au nord des fameux rochers de *Béhistoun* où sont gravés, en écriture cunéiforme, les victoires de Darius.

Ispahan est l'ancienne capitale.

Dizfoul s'élève près des ruines de *Suze* et **Chiraz**, proche de celles de *Persépolis*.

8. L'Afghanistan occupe le nord-ouest de l'Iran. Sa superficie est un peu supérieure à celle de la France. Il est peuplé de 6 millions de nomades, groupés en tribus presque indépendantes de l'*Émir de Kaboul*, souverain, au moins de nom, de tout le pays.

Kaboul (150.000 h.), la capitale, à 2.000 mètres d'altitude, sur la rivière de même nom, affluent de l'Indus, est unie à l'Inde par une route qui longe ce cours d'eau, et traverse la *Passe de Khaïber*.

Hérat (20.000 h.) est une place forte qui garde le passage entre l'Hindou-Kouch et les Monts du Khorassan.

Kandahar (35.000 h.) est unie à l'Inde par une voie ferrée.

9. Le Béloutchistan occupe le sud-est de l'Iran. C'est un pays aride. Sur une étendue presque égale à celle de la France vivent à peine un million de nomades.

Kélat, la capitale, est la résidence du *kan* qui gouverne le pays au nom de l'Angleterre qui le pensionne.

DEVOIR ÉCRIT. — 1. *Exercice 5 du Cahier de Croquis.* — 2. *Décrivez l'aspect de l'Arabie, de la Mésopotamie et de l'Iran.* — 3. *Quelles sont les ressources de ces trois pays ?*

6ᵉ Leçon. — L'INDE

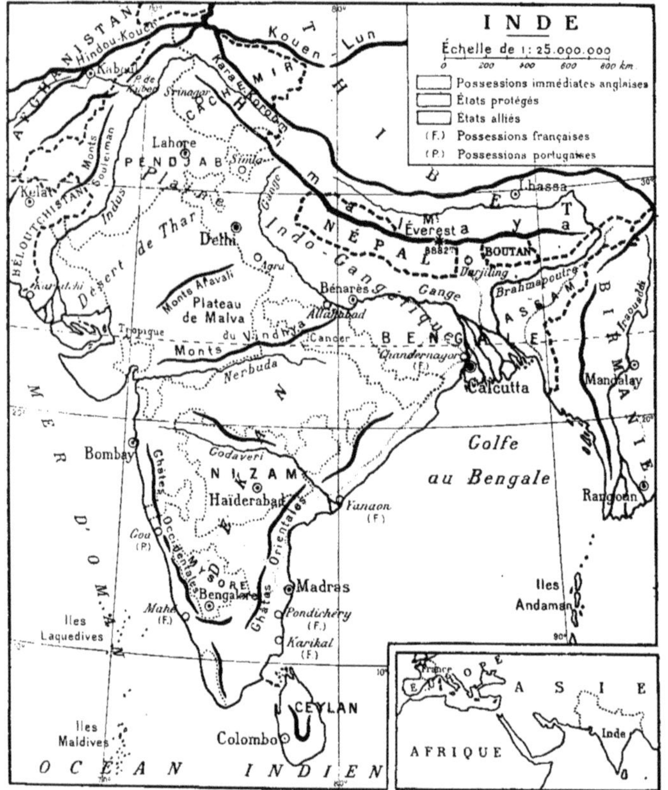

Brahmapoutre forment le plus vaste delta du Globe : le pays marécageux du *Bengale*.

2. Climat et Productions naturelles. — Le climat de l'Inde est constamment chaud, mais il n'est humide qu'en été, car il est soumis au régime des moussons. La *mousson humide d'été* souffle du Sud-Ouest et amène des pluies torrentielles et journalières, particulièrement abondantes sur les Ghattes occidentales et au pied de l'Himalaya oriental, dans l'Assam, le pays le plus arrosé du monde, qui reçoit de 12 à 14 m. de pluie par an.

Durant ces périodes de chaleur humide, le climat est très pénible pour l'Européen qui va chercher le bon air sur les plateaux du Dékan ou sur les pentes de l'Himalaya, à Simla ou à Darjiling.

La *mousson sèche d'hiver* souffle du Nord-Est ; en traversant le Golfe du Bengale, elle se charge de quelque humidité qu'elle déverse sur les Ghattes orientales.

A part certaines régions insuffisamment arrosées, comme celles de l'Indus inférieur (Désert de Thar), l'Inde possède une extraordinaire **richesse végétale**. Les *forêts* dominent ; elles produisent toutes sortes d'essences : bois de teck, figuiers des banyans, caoutchouc, palmiers, bambous. Dans les *jungles*, espaces couverts de hautes herbes parsemées de quelques arbres, comme les bambous, vivent des *éléphants* qu'on capture pour les domestiquer, des *tigres*, des *léopards*, des *singes*, et des *serpents* venimeux qui font de 15 à 20.000 victimes par an. (*Voir, p. 4, 2ᵉ image.*)

3. La population de l'Inde s'élève à 308 millions d'habitants (74 au km²). Certaines régions sont inhabitées, comme le Désert de Thar ; d'autres le sont peu comme les Plateaux secs du Dékan, tandis que les plaines fourmillent d'habitants. Le faible accroissement de la population n'est pas dû à l'émigration qui est peu importante, mais aux pestes et aux famines qui font périr parfois des millions d'hommes.

Les *Hindous* proprement dits ou Aryas, de **race blanche**, forment les 2/3 de la population ; les *Mongols* et les *Turcs*, de **race jaune**, occupent le nord-ouest de l'Inde ; les

1. Étendue et aspect. — L'Inde est une vaste presqu'île triangulaire 7 fois grande comme la France.

Elle se divise en trois régions naturelles : le *Dékan*, l'*Himalaya* et la *Plaine Indo-Gangétique*.

Le Dékan est un immense plateau triangulaire bordé par les *Ghattes orientales et occidentales*, et par le *Plateau de Malva* qu'encadrent les *Monts Vindhya* et *Aravali*. Il est découpé par la *Nerbuda* et le *Godavéri*. Au sud-est du Dékan s'élève l'île montagneuse de *Ceylan*, tandis qu'au Sud-Ouest émergent à peine les îles coralliennes *Laquedives* et *Maldives*.

L'*Himalaya* appartient à l'Inde par ses pentes méridionales, qui comprennent des gorges profondes et de hautes vallées fertiles comme le *Cachemir*.

Les *Plaines Indo-Gangétiques* sont comprises entre l'Himalaya et le Dékan, et s'étendent de la Mer d'Oman au Golfe du Bengale. C'est un ancien bras de mer comblé par les torrents himalayens qui ont déposé une énorme couche d'alluvions. Les bouches réunies du *Gange* et du

Dravidiens, de **race noire** (50 millions) sont dispersés dans le Dékan.

Les **langues** sont multiples, mais l'*hindoustani*, la plus répandue, se généralise. L'anglais n'est parlé que dans les ports et par les fonctionnaires.

Le **Brahmanisme** domine dans l'Inde où il a pris naissance ; il compte les 4/5 de la population. Les Brahmanistes se divisent en *castes* fermées ; la principale est celle des brahmes ou prêtres.

Le **Bouddhisme** vient du Brahmanisme, mais supprime les castes. Chassé de l'Inde, il domine à Ceylan et dans l'Himalaya.

Le **Mahométisme**, apporté par les Mongols, est surtout répandu au Nord-Ouest.

Les **Chrétiens** sont près de 4 millions.

4. Colonisation et Divisions politiques. — Dès la plus haute antiquité, les Hindous ont joui d'une grande civilisation. Mais les richesses de leur pays ont attiré les invasions des étrangers.

Au xvie siècle, un successeur de Tamerlan y fonda l'*Empire musulman du Grand Mongol*, qui subsista jusqu'à la conquête de l'Inde par les Anglais.

Après les Portugais, qui avaient établi des comptoirs le long des côtes, vinrent les Français, puis les Anglais qui ont fini, au xviiie siècle, par y rester presque seuls.

L'*Inde* forme, avec le *Béloutchistan* et la *Birmanie*, le vaste **Empire des Indes** dont le titulaire est le roi d'Angleterre ; celui-ci est représenté à Delhi, la capitale, par un vice-roi. L'*Office de l'Inde*, à Londres, dirige l'administration.

Cet Empire comprend des *Possessions immédiates* et des *États indigènes protégés* ou *alliés*.

Les **Possessions immédiates**, administrées directement par des fonctionnaires anglais, renferment les 4/5 de la population.

Les **États protégés** sont gouvernés par des *rajahs,* ou princes indigènes, sous le contrôle des Résidents anglais. Ils sont très nombreux (690), mais peu étendus. Les trois principaux sont les *Royaumes de Nizan* (11 millions d'h.), de *Mysore* et de *Cachemir*.

Les **États alliés**, ou liés à l'Angleterre par des traités, sont ceux qui occupent les pentes méridionales de l'Himalaya : le *Népal* et le *Boutan*.

Ceylan relève directement de l'Angleterre et ne fait pas partie de l'Empire des Indes.

L'**Inde portugaise** a l'étendue d'un de nos départements ; la capitale est *Goa*.

L'**Inde française** comprend cinq comptoirs : *Pondichéry* le chef-lieu, *Mahé, Karikal, Yanaon et Chandernagor*.

5. Villes. — La population de l'Inde est surtout agricole et rurale. Cependant 1/10 vit dans les villes dont 30 ont plus de 100.000 habitants.

Ces villes sont caractérisées par de superbes monuments : tombeaux, temples ou palais, contrastant, par leur richesse, avec les misérables maisons basses et sales qui les entourent. Le quartier anglais, dont les habitations coquettes se perdent dans la verdure, est bâti à l'écart.

Delhi (310.000 hab.) est la capitale de l'Empire des Indes, après l'avoir été de celui du Grand Mongol. (*Voir p. 4, 3e image.*)

Allahabad (160.000 hab.), (la *Cité d'Allah*), est la ville sainte des musulmans de l'Inde ; **Bénarès** (200.000 hab.),

Les éléphants de l'Inde sont domestiqués et occupés à toutes sortes de travaux qui exigent une grande force et où dix hommes ne pourraient suffire. Ils servent comme bêtes de somme, mais c'est surtout dans les exploitations forestières qu'ils rendent de grands services. Grâce à leur force, à leur intelligence et à leur docilité, on peut leur faire transporter avec leur trompe de lourds troncs de bois et les mettre en pile.

sur le Gange, celle du Brahmanisme. (*Voir p. 4, 4e image.*)

Lahore et Agra sont célèbres par leurs temples et leurs palais.

Haiderabad (500.000 h.) est la capitale du Royaume de Nizan ; **Bengalore**, du Royaume de Mysore ; et **Srinagar**, du Royaume de Cachemir.

Les autres grandes villes sont des ports. **Calcutta** (1.330.000 h.), sur un des bras du Gange ; **Madras** (530.000 h.), sur la côte orientale : **Bombay** (1.180.000 h.), sur la côte occidentale ; **Karatchi** (200.000 h.), à l'embouchure de l'Indus ; **Colombo** (250.000 h.), dans l'Ile Ceylan.

6. Vie économique. — L'Agriculture occupe les 4/5 de la population et 1/3 du territoire. On cultive du *riz* dans les deltas ; du *blé*, du *maïs* et de l'*opium* dans les plaines indo-gangétiques ; de l'*orge*, sur les plateaux ; du *thé*, dans l'Assam et à Ceylan ; du *café*, dans le Mysore ; du *coton*, dans le Malva, et du *jute*, dans le Bengale.

L'élevage se réduit aux *bêtes de somme* : cheval, bœuf, éléphant, chameau ; ou aux *bêtes à lait et à laine* : vaches, brebis du Dékan, chèvres de Cachemir, car le brahmanisme interdit de se nourrir de viande, mais il permet le laitage. L'Inde est le premier pays du monde pour l'élevage des bœufs (117 millions).

Les **mines** d'or et de *pierres précieuses*, exploitées depuis longtemps, commencent à s'épuiser. La *houille* est abondante ; elle a permis l'établissement de quelques filatures de coton et de jute.

Les anciennes **industries** de luxe : bijouterie, incrustations, broderies, etc., sont toujours prospères.

Le **commerce intérieur** dispose de quelques bonnes routes, de nombreux fleuves navigables et de voies ferrées qui unissent les grandes villes.

Le **commerce extérieur** se fait par les ports de Karatchi, Bombay, Colombo, Madras et Calcutta.

Il *exporte* du coton et du jute, du riz et du blé, du thé et de l'opium. Il *importe* des cotonnades, de la quincaillerie et du sucre.

DEVOIR ÉCRIT. — 1. *Exercice du Cahier de Croquis.* — 2. *Nommez quelques pays de l'Inde et indiquez leur aspect, leurs productions et leurs principales villes.*

7e Leçon. — L'INSULINDE ET L'INDOCHINE

INSULINDE

1. Situation et étendue. — L'Insulinde, ou l'Inde Insulaire, est ainsi nommée parce que son climat et ses produits ressemblent à ceux de l'Inde. On l'appelle encore **Malaisie**, parce qu'elle est surtout peuplée par une race jaune foncé, les *Malais*.

L'espace occupé par cet archipel est presque aussi vaste que l'Europe, mais la surface des terres n'en égale que le cinquième : soit 4 fois la France.

2. Aspect. — Les Iles malaises sont montagneuses et volcaniques : elles forment trois groupes : au Sud-Ouest, les *Iles de la Sonde* ; au centre, *Bornéo*, *Célèbes* et les *Moluques* ; au Nord, les *Philippines*. Ces archipels sont portés sur un socle sous-marin assez élevé pour qu'un abaissement des eaux de 200 mètres les rattachât tous au continent asiatique. Sauf la *Mer de Java* qui n'a

pas 100 mètres de profondeur moyenne, les autres mers intérieures : de *Banda*, de *Célèbes* et de *Jolo* sont des fosses dépassant 4.000 mètres.

3. Climat. — L'Insulinde est traversée, vers son milieu, par l'équateur ; aussi, son climat est constamment *chaud et humide*. Les *pluies*, très abondantes et presque journalières, diminuent de l'Ouest à l'Est. Elles alimentent des fleuves courts mais puissants qui ont créé des plaines alluviales le long des côtes.

4. La population de l'Insulinde s'élève à 50 millions d'habitants ; elle comprend surtout des *Malais*, agriculteurs ou marins, de religion musulmane ; ceux des Iles Philippines ont adopté la religion catholique de leurs anciens maîtres, les Espagnols. Les *Chinois* y sont nombreux.

La *langue malaise*, parlée dans l'archipel, sert aux relations commerciales depuis Ceylan jusqu'en Polynésie.

5. Divisions politiques. — Au XVIe siècle, les Portugais occupaient la plupart de ces îles. Elles leur furent enlevées, au siècle suivant, par les **Hollandais** qui en possèdent encore les 3/4 (*Indes Néerlandaises*). L'autre quart appartient aux **États-Unis** qui sont maîtres des *Philippines* ; à l'**Angleterre** qui occupe le *Nord-Ouest de Bornéo*, et au **Portugal** qui ne possède plus que la moitié orientale de l'*Ile Timor*.

Les **Indes Néerlandaises** ont trois fois l'étendue de la France et sont peuplées de 50 millions d'habitants. Elles comprennent les *Iles de la Sonde* avec *Sumatra, Java, Florès*, etc. ; les *Moluques* ou îles aux épices ; *Célèbes*, si bizarrement découpée, et les 2/3 de *Bornéo*.

Java est de beaucoup la plus importante de ces îles par ses richesses et par sa population de 36 millions d'habitants (275 au km²). Aussi possède-t-elle la capitale *Batavia* (234.000 h.), et le principal port, *Sourabaya* (160.000 h.).

Les **Indes néerlandaises** sont sous le régime du protectorat : des chefs indigènes administrent le pays sous la surveillance de Résidents hollandais qui relèvent du Gouverneur général.

Les **États-Unis** ont enlevé les *Philippines* aux Espagnols à la fin du siècle dernier. *Manille* (300.000 h.), la capitale de l'Archipel et la ville la plus peuplée de l'Insulinde, est située dans l'*Ile Luçon*, la principale du groupe. C'est un port très fréquenté ; un câble sous-marin l'unit à San Francisco et à Hong-Kong.

6. Vie économique. — La végétation de l'Insulinde est d'une extrême richesse. Des forêts épaisses couvrent tous les espaces non cultivés ; elles sont riches en bananiers, cocotiers, arbres à caoutchouc et bois d'ébénisterie.

Les *arbres à épices*, le *tabac*, la *canne à sucre*, le *coton* et le *chanvre de Manille* fournissent à l'exportation. Le *riz* est cultivé pour la nourriture des habitants.

Java produit du *pétrole ;* Banka et Biliton, de l'*étain*.

INDOCHINE

7. Situation et étendue. — L'Indochine est une grande péninsule située entre le Golfe du Bengale et celui du Tonkin ; la longue *Presqu'île de Malacca* la prolonge au Sud. L'Indochine est ainsi nommée parce qu'elle rappelle l'Inde et la Chine, ses voisines, par sa population, son climat et ses produits. Sa *superficie* égale 4 fois celle de la France.

8. Aspect. — Du Plateau du Thibet se détachent de longues *chaînes montagneuses* qui s'étendent en éventail sur l'Indochine. Elles sont séparées par des *vallées* d'abord très étroites mais qui vont en s'élargissant vers le Sud et se terminent par des *plaines alluviales*. Parmi ces vallées, les principales sont celles du *Fleuve Rouge*, du *Mékong*, du *Ménam*, du *Salouen* et de l'*Iraouaddi*. La *chaîne orientale* se termine en chaîne côtière dans l'Annam ; la *chaîne centrale* se prolonge par la Presqu'île de Malacca ; la *chaîne occidentale* se continue en une longue chaîne insulaire, courbée en arc, par les *Iles Andaman et Nicobar*, et les *Iles de la Sonde*.

9. Climat. — L'Indochine est *chaude et humide*. L'alternance des moussons y partage l'année en deux saisons, l'une pluvieuse, en été, quand souffle la *mousson marine ;* l'autre sèche, en hiver, avec la *mousson continentale*.

Des chaleurs accablantes et de violents orages marquent le changement des moussons.

10. La population de l'Indochine est de 40 millions d'habitants (20 au km²). Elle est très inégalement répartie : les plateaux boisés sont presque déserts, tandis que les deltas regorgent d'habitants.

Cette population comprend des *Indigènes* en majorité ; de nombreux *Chinois* qui ont accaparé le commerce, et des *Européens* administrateurs.

Les **Indigènes** sont des Jaunes, généralement bouddhistes : *Annamites, Cambodgiens, Laotiens, Siamois, Birmans ;* il y a aussi des Bruns, des *Malais* musulmans, dans la Presqu'île de Malacca.

11. Divisions politiques. — L'Indochine se partage à peu près également entre la France, le Royaume de Siam et l'Angleterre.

L'**Indochine française** occupe toute la partie orientale. La capitale est *Hanoï*. Elle comprend une colonie, la *Cochinchine*, chef-lieu Saïgon, et quatre protectorats : le *Tonkin*, l'*Annam*, le *Cambodge* et le *Laos*. (*Voir, pour les détails, leçon suivante.*)

Le **royaume de Siam** (9 millions d'h.) occupe le centre de l'Indochine, et le nord de la Presqu'île de Malacca. *Bangkok* (630.000 h.), la capitale, sur le Ménam, au fond du Golfe de Siam, est appelée la Venise de l'Extrême-Orient, parce qu'elle est partiellement construite sur pilotis ; elle exporte du riz et du bois de teck. (*Voir p. 26, 3e image.*)

L'**Indochine anglaise** comprend la Birmanie et la Presqu'île de Malacca.

La **Birmanie** est une dépendance administrative de l'Empire des Indes. Elle produit beaucoup de riz, de coton et de bois de teck. *Mandalay*, l'ancienne capitale, est un grand marché de l'intérieur. *Rangoun* (345.000 h.), le chef-lieu est le premier port du monde pour l'exportation du riz. (*Voir p. 26, 3e image.*)

La **Presqu'île de Malacca** comprend quatre États malais protégés, et une possession directe. Elle est riche en étain. *Singapour* (420.000 h.), dans un îlot, tout au sud de la Presqu'île, occupe une position exceptionnelle sur la route d'Extrême-Orient, aussi est-elle un des grands ports du Globe et une ville cosmopolite par excellence, où dominent les Chinois.

12. Vie économique. — L'Indochine est une contrée essentiellement agricole. Dans les parties montagneuses domine la forêt dont on exploite les *bois précieux*, celui de teck, en particulier, qui est très dur. Les plaines alluviales produisent du *coton*, des *mûriers*, et surtout du *riz* qui est la base de l'alimentation et le premier article d'exportation.

L'**élevage** a peu d'importance : les *buffles* sont employés dans les rizières ; les *éléphants* sont dressés pour les transports. La pêche est active et fructueuse sur les côtes et dans les rivières.

Le sous-sol est riche en mines, encore peu exploitées ; cependant on extrait de la *houille* au Tonkin, et de l'*étain* dans la Presqu'île de Malacca.

Les petites industries anciennes sont actives.

La grande industrie (décorticage du riz, filature de coton) se développe grâce aux mines de houille.

DEVOIR ÉCRIT. — 1. *Exercice 7 du Cahier de Croquis.* — 2. *Quel est l'aspect de l'Indochine et de l'Insulinde ? Indiquez leurs richesses végétales.*

8e Leçon. — L'INDOCHINE FRANÇAISE

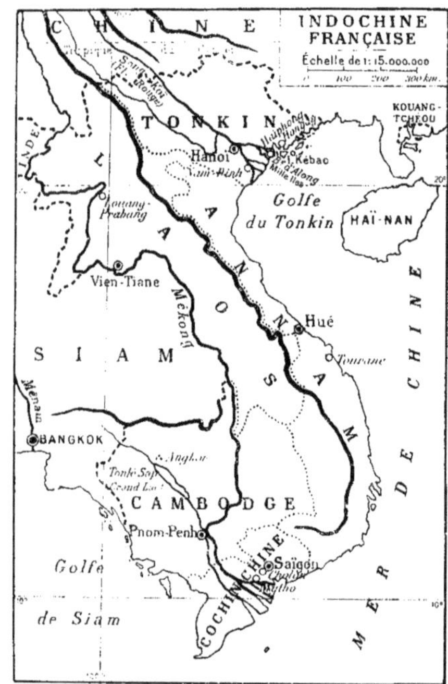

1. Situation et étendue. — L'Indochine française occupe toute la partie orientale de la presqu'île de même nom. Son *étendue égale* une fois et demie celle de la France.

2. Relief et Côtes. — L'Indochine française est formée d'un *haut plateau*, de 590 à 600 mètres d'altitude, surmonté de *chaînes montagneuses* qui dépassent souvent 2.000 mètres. Ces chaînes, assez resserrées dans le Nord, s'ouvrent en éventail vers le Sud. La principale sépare les deux grandes vallées du Mékong et du Song-Koï et se prolonge, dans l'Annam, en une *chaîne côtière* formant le rebord oriental du Plateau. Elle tombe en abrupt sur une étroite bande de terres alluviales que termine un chapelet de lagunes et de cordons littoraux.

De chaque côté d'elle puissante chaîne médiane, deux grands fleuves se sont creusé des vallées sinueuses et profondes, et leurs eaux ont formé, à leur embouchure, deux vastes *plaines alluviales* : celle du Cambodge et de la Cochinchine créée par le Mékong et celle du Tonkin, par le Song-Koï. Ces plaines, conquises sur la mer, se terminent par une côte basse et marécageuse.

Au nord de la plaine alluviale du Tonkin, la côte est rocheuse et frangée de nombreux îlots (les *Mille Iles*) qui surgissent, bizarrement découpés par les flots, du sein des eaux profondes. Elles protègent la vaste et sûre *Baie d'Along* qu'entoure un cirque de hautes montagnes (*Voir p. 27, 3e image*). Dans l'ensemble, la côte indochinoise dessine un grand S très régulier.

3. Climat et hydrographie. — Située dans la zone tropicale, l'Indochine française est *chaude* en tout temps ; mais les moussons partagent son année en une *saison humide en été* et une *saison sèche en hiver*. Au moment du renversement des moussons, il se produit souvent de terribles cyclones qui occasionnent parfois des dégâts considérables.

Les **fleuves indochinois** sont en crue en été, et en maigre en hiver. Ils sont coupés de nombreux rapides qui gênent la navigation, mais ils rendent de grands services à l'irrigation. Les deux principaux sont le *Mékong* et le *Song-Koï*, qui forment deux vastes deltas où ils se divisent en une multitude d'arroyos ou bras.

4. La population de l'Indochine française s'élève à 19 millions d'habitants, 27 au km². Elle est très inégalement répartie : alors que les plateaux n'ont que quelques habitants au km², les plaines alluviales en ont jusqu'à 400.

Cette population comprend des indigènes, pour la presque totalité, et 17.000 Français. Les indigènes appartiennent à la race jaune plus ou moins mélangée. Ils comprennent les *Moïs*, les *Laotiens*, les *Annamites* et les *Cambodgiens*.

Les **Moïs** et les **Laotiens** vivent, sur les plateaux intérieurs, de chasse et de cultures rudimentaires ; ils habitent des huttes élevées sur pilotis.

Les **Annamites** sont de civilisation chinoise, ils forment plus des 3/4 de la population ; ils vivent très pressés dans les plaines alluviales de l'Annam, de la Cochinchine et du Tonkin. Petits, mais intelligents et actifs, ce sont d'habiles agriculteurs.

Les **Cambodgiens** sont des métis d'Hindous et des populations primitives. Ils tiennent plus du Blanc que du Jaune. Leur ancienne civilisation d'origine hindoue est attestée par les superbes *ruines d'Angkor*. (*Voir 2e image*.) Ce sont surtout des bûcherons et des chasseurs.

À ces races indigènes se sont joints des Chinois et des Japonais. Ils habitent les villes et ont accaparé le commerce.

La **religion** dominante est le *Bouddhisme*, juxtaposé au culte, plus populaire des ancêtres. On compte 1.200.000 *catholiques*.

5. Occupation et administration. — Un empereur d'Annam ayant chassé les étrangers et maltraité les chrétiens, la France l'obligea à nous céder la *Cochinchine*, en 1862. L'année suivante, le royaume du *Cambodge* se plaça sous notre protectorat. Une nouvelle guerre, provoquée par la mauvaise foi de l'empereur annamite, nous donna le *Tonkin*, en 1882. L'Annam acceptait notre protectorat en 1885. En 1896, des démêlés avec le Siam nous ont valu le *Laos*.

L'Indochine française est administrée par un gouverneur général qui réside à Hanoï. Elle comprend une colonie : la *Cochinchine*, et quatre protectorats : le *Tonkin*, l'*Annam*, le *Cambodge* et le *Laos*.

6. Divisions et villes. — Les villes indochinoises ont l'aspect de *grands villages* ; elles sont composées d'habitations chétives, en bambou et en pisé, appelées *paillotes*. Les *quartiers européens* éparpillent leurs habitations élégantes au milieu de la verdure pour mieux conserver la fraîcheur. Enfin, dans les capitales des anciens royaumes, la *cité royale*, entourée de murs à créneaux, est une véritable forteresse renfermant le palais, les casernes et les bâtiments administratifs. (*Voir p. 27, 2e image.*)

1° La **Cochinchine** est une colonie directement administrée par la France ; *Saïgon*, le chef-lieu, un port de guerre et de commerce, et *Cholon*, sa voisine, une grosse ville industrielle et un entrepôt de riz : la fusion administrative et financière porte à 180.000 habitants la population de cette double agglomération. *Mytho* (30.000 h.) est un autre entrepôt de riz.

2° Le **Tonkin** est une colonie par l'administration supérieure, puisqu'il n'y a pas de souverain indigène, et un protectorat par l'administration des provinces. *Hanoï* (75.000 h.), sur le Fleuve Rouge, est le chef-lieu du protectorat et la capitale de l'Indochine française ; *Haïphong* (75.000 h.), un port maritime ; *Nam-Dinh*, ville de commerce, est la capitale intellectuelle du Tonkin, car les concours des indigènes, pour l'obtention des emplois officiels, y ont lieu.

3° L'**Annam**, royaume protégé, a pour capitale *Hué* (51.000 h.), qu'un chemin de fer relie au port de *Tourane* (16.000 h.). (*Voir p. 27, 2e image.*)

4° Le **Cambodge**, royaume protégé, a pour capitale *Pnom-Penh* (75.000 h.) sur le Mékong. (*Voir 1re image.*)

5° Le **Laos** comprend, au Nord, un royaume protégé, capitale *Louang-Prabang* sur le Mékong, et, au Sud, un territoire directement administré par la France. Ces deux subdivisions sont surveillées ou administrées par le Résident général établi à *Vien-Tiane*, sur le Mékong, à la limite des deux pays.

6° Le **Territoire de la Baie de Kouang-Tchéou** (2 fois l'étendue du département de la Seine et 200.000 hab.) nous a été cédé par la Chine, en 1899, pour 99 ans. Il possède une rade comparable à celle de Brest pour son étendue et sa sécurité. C'est le seul point toujours accessible, sur cette côte inhospitalière.

7. Vie économique. — 1° L'Indochine française est essentiellement **agricole**. Dans les plaines on cultive *l'arbre à caoutchouc*, le *coton*, le *poivrier*, le *maïs* et surtout le *riz* dont se nourrissent les indigènes. (*Voir p. 27, 1re image.*) Les pentes de la région montagneuse ont des plantations de *thé* et de *café* ; elles fournissent aussi des *bois* de chauffage et de construction.

Phot. Agence économique de l'Indochine.

1. — Pnom-Penh, la capitale du Cambodge depuis 1866, doit son nom à un monticule (*pnom*) sur lequel une riche veuve, nommée *Penh*, éleva jadis un mausolée en l'honneur de son mari. Ce monument a été restauré par la France qui a fait construire, dans le style khmer, les plus beaux monuments de la ville, entre autres le Palais du roi dont la salle du trône est représentée ici.

Phot. Agence économique de l'Indochine.

2.   Les ruines d'Angkor s'étalent, au nord du Tonlé-Sap, sur 20 km. de long et 20 de large. Angkor-Wat (Angkor la Pagode), que représente l'image, date du XIIe siècle de notre ère, mais les origines de la ville remontent au VIIIe siècle. Les terrasses, les escaliers et les tours de cette pagode sont ornés de bas-reliefs où figurent des dieux bouddhistes à plusieurs paires de bras, et des serpents à sept têtes (des nagas) caractéristiques du style khmer. La tour centrale de la pagode a 75 mètres de hauteur.

2° L'**élevage** en grand est inconnu ; mais dans chaque ferme on trouve des *buffles*, indispensables aux travaux des rizières, et des bœufs employés dans les régions élevées ; des *porcs* et de la *volaille*.

3° La **pêche**, au contraire, est très active. Le *poisson*, en effet, constitue, avec le riz et le thé, l'un des trois éléments essentiels de l'alimentation indigène : il s'exporte desséché. Le Tonlé-Sap, les arroyos de la Cochinchine et du Tonkin, et les parages maritimes en fournissent d'énormes quantités.

4° On extrait de la **houille** à Hongay sur la Baie d'Along, et dans l'île Kébao, une des Mille-Iles. (*Voir p. 26, 1re image et p. 27, 3e fig.*)

5° La **petite industrie** indigène (soieries, nattes, bijoux, bois et ivoire sculptés) est prospère, grâce aux débouchés que nous lui ouvrons.

6° La **grande industrie** commence à se développer. Elle comprend les usines à *décortiquer* le riz et à le *distiller* pour obtenir de l'alcool, des *filatures* de coton et des fabriques de *briques* et de *ciment*.

7° Les **voies de communication** ont été améliorées ou créées de toutes pièces.

a) Les *fleuves*, malgré leurs rapides, rendent de grands services à la navigation. Le Mékong est navigable, mais avec quelques transbordements, jusqu'à Vien-Tiane en tout temps, et jusqu'à Louang Prabang durant les crues. Le Song-Koï l'est jusqu'à la frontière.

b) Des *routes* ont été créées ou améliorées, sur une longueur de 18.000 km.

c) Des *voies ferrées* constituent déjà d'importants tronçons, en attendant qu'ils soient reliés pour former le transindochinois qui aura 2.000 km. de long.

d) Le *cabotage*, malgré les côtes peu hospitalières, est assez actif.

e) Des *services réguliers* unissent Marseille à Saïgon (24 jours) et aux autres ports de l'Indochine (Tourane, Haïphong) qui profitent d'ailleurs de leur situation sur la route d'Extrême-Orient.

8° Le **commerce extérieur** se fait surtout avec la France et l'Extrême-Orient. Il comprend *l'exportation* du riz, du poisson, du coton et du poivre, et *l'importation* des machines, des tissus, du sucre, du pétrole et du papier.

DEVOIR ÉCRIT.   1. *Exercice 8 du Cahier de Croquis.*
2. *Quelle est l'origine des plaines de l'Indochine et quelles sont leurs productions.*

3

9ᵉ Leçon. — LA RÉPUBLIQUE CHINOISE

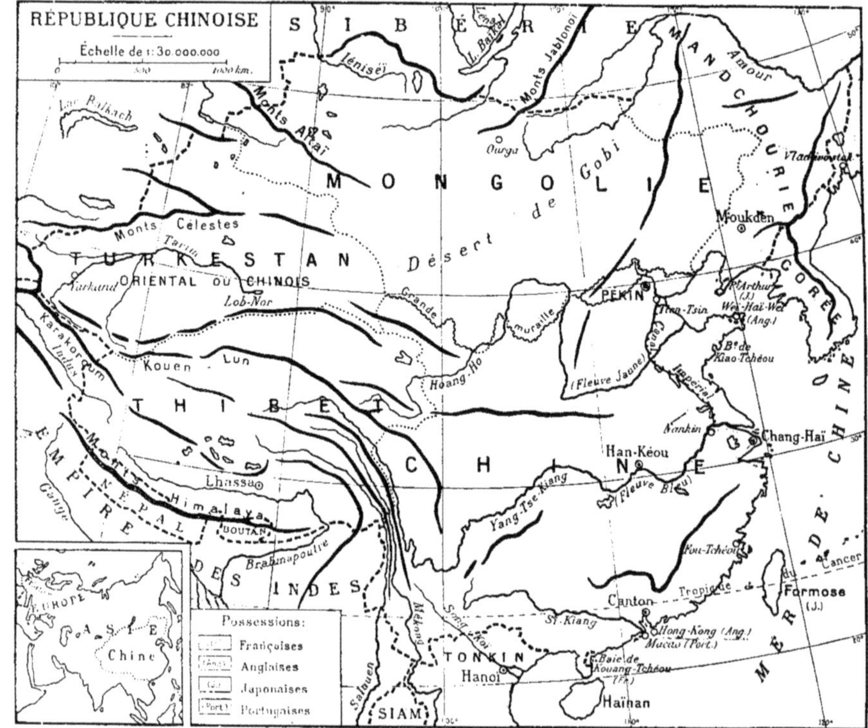

1. Situation et Origine. — La République chinoise occupe tout l'Est et le centre de l'Asie. Elle est aussi étendue et aussi peuplée que l'Europe. La civilisation et l'organisation de la Chine paraissent remonter au IIIᵉ siècle avant J.-C. C'est à cette époque que fut construite la *Grande Muraille* pour s'opposer aux incursions des barbares de l'Asie septentrionale. (*Voir p.* 26, 4ᵉ *image.*) Au XVIIᵉ siècle, la Chine fut subjuguée par les Mandchous dont la dynastie régna, à Pékin, jusqu'en 1912.

Après s'être emparés de la Chine, les empereurs mandchous occupèrent l'Asie centrale et doublèrent ainsi l'étendue de leurs possessions.

La Chine est restée fermée aux influences étrangères jusqu'au milieu du XIXᵉ siècle. C'est alors que les nations européennes l'ont obligée à ouvrir ses ports au commerce étranger et à permettre la prédication de l'Évangile. En 1912, le gouvernement impérial a fait place à la République.

2. Divisions. — La République chinoise comprend la *Chine* proprement dite et les possessions extérieures : *Mandchourie, Mongolie, Turkestan oriental* et *Thibet.*

CHINE PROPREMENT DITE

3. Étendue et Divisions. — La Chine proprement dite égale 8 fois l'étendue de la France. Le sol et le climat la divisent en deux parties : la *Chine du Nord* et la *Chine du Sud.*

La Chine septentrionale s'étend sur des *plateaux* et des *plaines limoneuses* que draine le *Hoang-Ho* ou *Fleuve Jaune*. Son *climat* est continental et excessif. Les pluies sont rares, mais suffisantes pour la culture du *blé* et du *millet.*

La Chine méridionale est hérissée de *chaînes de montagnes* généralement orientées de l'Ouest à l'Est et séparées par de larges et profondes *vallées* que parcourent des cours d'eau abondants ; les deux principaux sont le *Yang-Tsé-Kiang* ou *Fleuve Bleu* et le *Si-Kiang.*

Le *climat* est soumis au régime des moussons. Il est chaud en tout temps ; humide en été, quand la mousson souffle de la mer ; sec en hiver, quand elle souffle du continent.

4. Populations. — La Chine compte peut-être 400 millions d'habitants, le quart de l'humanité. La *densité.*

qui serait de 100 habitants au km², monte jusqu'à 1.000 dans le delta du Yang-Tsé-Kiang.

Trop à l'étroit chez eux, les *Chinois émigrent* en grand nombre, plus de 300.000 par an, mais avec l'espoir du retour. Ils se livrent à toutes sortes de travaux et se contentent d'un maigre salaire faisant ainsi une sérieuse concurrence aux ouvriers blancs.

Au *culte des ancêtres*, pratiqué par tous les Chinois, s'ajoutent le *Confucianisme* pour les lettrés, et le *Bouddhisme* pour le peuple. Les autres religions sont tolérées : les *musulmans* (20 millions) sont groupés au Sud ; les *catholiques* (2 millions) sont dispersés dans les missions dont la France a le protectorat.

5. Gouvernement et Villes. — La République chinoise est gouvernée par un *Président* et des Chambres élues. Les fonctionnaires, appelés *mandarins*, sont nommés au concours.

La plupart des **villes chinoises** comprennent la *cité administrative* qui s'entoure d'une enceinte et dissémine ses habitations au milieu des parcs et des jardins, et la *cité commerçante* qui entoure généralement la précédente et se protège aussi par une enceinte crénelée ; ses rues étroites et sales sont grouillantes de vie.

Pékin (1.300.000 h.), la capitale, a pour port **Tien-Tsin**.

Chang-Haï (1.500.000 h.), **Fou-Tchéou** (620.000 h.) et **Canton** (900.000 h.), sont des ports sur la Mer de Chine.

Nankin (380.000 h.) et **Han-Kéou** (1.500.000 h.), sur le Fleuve Bleu, sont des grands centres de commerce.

6. Vie économique. — La Chine est un **pays essentiellement agricole**. Trop serrés, et obligés pour vivre de ne perdre aucun pouce de terrain, les Chinois pratiquent, en grand, l'irrigation qui fertilise leurs terres jusqu'au sommet des collines. Leur culture très soignée est un véritable jardinage.

Dans les plaines du Nord, on cultive le *blé*, le *millet* et les *haricots* ; dans la Chine méridionale, le *riz*, le *thé*, le *coton* et le *mûrier*.

L'élevage, sauf celui de la *volaille*, est à peu près nul.

La **petite industrie** ancienne (laques, porcelaine, soies brodées) est très active.

Le pays est riche en *houille* et en *fer* ; aussi, l'exploitation des **mines** et la **grande industrie** de la métallurgie et des textiles commence à se développer, mais surtout par des entreprises étrangères.

Les *fleuves* chinois forment d'excellentes **voies de communication** pour le commerce intérieur ; mais le *Canal Impérial* est impraticable sur bien des points, et les routes sont rares et mal entretenues.

Quelques *voies ferrées* ont été construites par les étrangers. Les deux principales unissent Pékin à Canton et à Chang-Haï et se prolongent vers le Nord par le Transmandchourien jusqu'au Transsibérien ; on se propose de les continuer vers le Sud jusqu'au Tonkin.

Le **commerce extérieur** est aux mains des étrangers. Les **exportations** de *soie* et de *thé*, etc., sont d'un tiers plus faibles que les **importations** de *cotonnades* et de *sucre*, etc.

Ce commerce se pratique dans quelques *ports autorisés* : Tien-Tsin, Chang-Haï, Fou-Tchéou et Han-Kéou, et dans des *territoires* cédés à bail à des puissances étrangères, avec le droit d'y établir des industries et des comptoirs. Le Japon possède *Port-Arthur* ; l'Angleterre, *Wei-Haï-Wei* et *Hong-Kong* ; le Portugal, *Macao*, et la France, la Baie de *Kouang-Tchéou*.

DÉPENDANCES DE LA CHINE

7. Pays tributaires. — Au XVIIIe siècle, la Chine s'empara du Plateau Central de l'Asie afin de posséder les routes du thé vers la Russie.

Chaque pays conserva ses chefs indigènes ; la Chine se contenta d'envoyer quelques résidents et d'imposer un léger tribut.

8. La Mandchourie est située au nord de la Chine. Elle est deux fois grande comme la France. Son climat est continental, excessif et sec ; aussi les 3/4 du pays sont-ils stériles par manque d'humidité. Les vallées, mieux arrosées, produisent des céréales, ont des forêts et des prairies pour l'élevage des chevaux et des bêtes à cornes.

La **population**, de 12 millions d'habitants, est surtout formée de Chinois. Les *Mandchous* sont à peine un million. Conquérants de la Chine au XVIIe siècle, ils ont été conquis à leur tour par la colonisation chinoise et ils le sont actuellement par la colonisation russe et japonaise.

Moukden (180.000 h.), la capitale, sur le Transmandchourien, s'est enrichie par son commerce de fourrures.

9. La Mongolie, 5 fois grande comme la France, est entourée de montagnes qui arrêtent les pluies et transforment toute la dépression centrale en un vaste désert d'une extrême aridité (*Désert de Gobi*).

Les **Mongols** (peut-être 2 millions) sont des pasteurs nomades de *race jaune* et de religion *bouddhiste*. C'est aux points d'eau, disséminés au pied des montagnes, que se trouvent les groupements humains. Ces oasis doivent leur principale vitalité à leur situation sur la route des caravanes. *Ourga* (40.000 h.) est la principale.

10. Le Turkestan chinois ou oriental, 3 fois l'étendue de la France, est bordé de montagnes comme la Mongolie ; aussi son climat est-il continental, sec et excessif.

Tous ses cours d'eau descendent des montagnes bordières et se jettent dans le *Tarim* qui se déverse dans le *Lob-Nor*. Ils servent à l'irrigation.

La population (1 million d'h.) est en majorité turque et musulmane. Elle se livre à l'agriculture, le long des cours d'eau, ou à l'élevage, sur les hauts plateaux ; le centre du pays est désert.

Les villes sont toutes au pied des montagnes, le long des cours d'eau : ce sont des groupements de fermes disséminées au milieu de la verdure.

Yarkand (100.000 h.) est le centre administratif.

11. Le Thibet, 4 fois grand comme la France, est un haut plateau de 5 à 6.000 mètres d'altitude, bordé par l'Himalaya et le Kouen-Lun. Son climat est des plus rigoureux. Il n'est habitable que dans les vallées du Sud-Est. C'est là que se trouve Lhassa (20.000 h.), résidence du *Dalaï-Lama*, souverain temporel du pays et grand-prêtre d'une des principales sectes bouddhistes. (*Voir page 26, 2e image.*)

La population (2 millions d'habitants environ) est de race jaune. Elle vit de quelques cultures, mais surtout de l'élevage du mouton, et du yak, sorte de bœuf à long poil.

Les Thibétains sont bouddhistes. Le quart de la population vit dans 2 ou 3.000 lamaseries, ou monastères, perchées sur des hauteurs comme de véritables forteresses qu'elles sont en réalité.

DEVOIR ÉCRIT. — 1. *Exercice 9 du Cahier de Croquis.* — 2. *Quelles sont les productions de la Chine et de ses dépendances ?*

10ᵉ Leçon. — L'EMPIRE DU JAPON

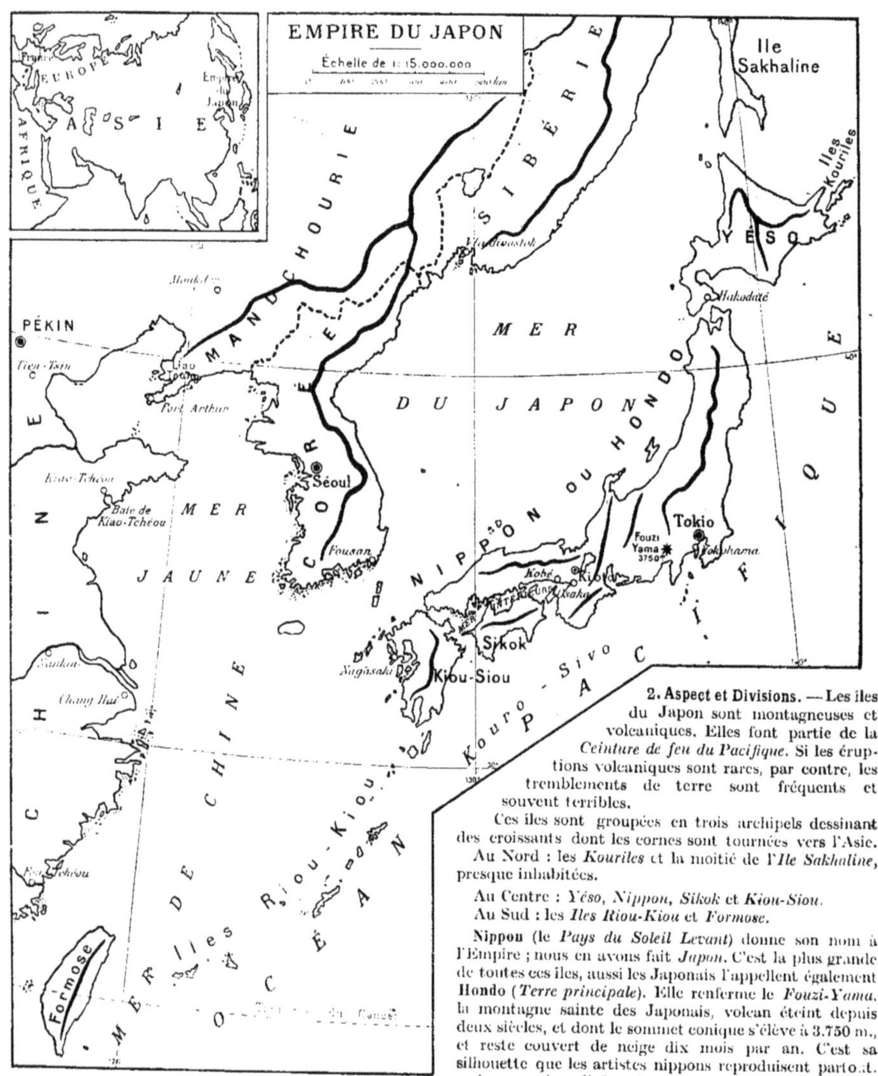

1. **Situation et Étendue.** — Le Japon comprend une grande partie de la chaîne insulaire qui longe l'Asie à l'Est. Il s'étend depuis le Nord des Kouriles jusqu'au Sud de Formose. Son étendue égale les 4/5 de celle de la France, et les 6/5 en y comprenant la Corée.

2. **Aspect et Divisions.** — Les îles du Japon sont montagneuses et volcaniques. Elles font partie de la *Ceinture de feu du Pacifique*. Si les éruptions volcaniques sont rares, par contre, les tremblements de terre sont fréquents et souvent terribles.

Ces îles sont groupées en trois archipels dessinant des croissants dont les cornes sont tournées vers l'Asie.

Au Nord : les *Kouriles* et la moitié de l'*Ile Sakhaline*, presque inhabitées.

Au Centre : *Yéso*, *Nippon*, *Sikok* et *Kiou-Siou*.

Au Sud : les *Iles Riou-Kiou* et *Formose*.

Nippon (le *Pays du Soleil Levant*) donne son nom à l'Empire ; nous en avons fait *Japon*. C'est la plus grande de toutes ces îles, aussi les Japonais l'appellent également **Hondo** (*Terre principale*). Elle renferme le *Fouzi-Yama*, la montagne sainte des Japonais, volcan éteint depuis deux siècles, et dont le sommet conique s'élève à 3.750 m., et reste couvert de neige dix mois par an. C'est sa silhouette que les artistes nippons reproduisent partout.

A cause du relief accidenté de ces îles, les *côtes* sont découpées de magnifiques baies qui abritent de bons ports. Une *Mer Intérieure* s'allonge entre les îles Nippon, Sikok et Kiou-Siou.

3. **Climat et végétation.** — Le Japon a un climat humide. Très arrosé par la *mousson d'été* du Sud-Est,

il l'est encore un peu par la mousson du Nord-Ouest qui se charge de quelque humidité en traversant les mers qui le séparent du continent.

Par suite de sa grande étendue en latitude, sa température varie du Nord au Sud. Alors que les Kouriles ont 7 ou 8 mois d'un hiver rigoureux, Riou-Kiou et Formose possèdent un climat tropical.

Le *Kouro-Sivo*, courant marin chaud qui longe le Japon oriental depuis les îles Riou-Kiou jusqu'à Yéso. détermine un climat plus tempéré et plus égal que celui des régions de l'Asie orientale de même latitude.

L'abondance des pluies donne naissance à de nombreux cours d'eau, très courts, faute d'espace, et qu'on utilise pour l'irrigation.

Dans un pareil climat, chaud et humide, la **végétation** est puissante et variée : les montagnes sont couvertes de *forêts ;* les plateaux et les plaines, de *prairies* parsemées de fleurs nuancées, entre autres le *chrysanthème*, la fleur nationale. (*Voir l'image.*)

4. Population et civilisation. — Le Japon est peuplé de 56 millions d'habitants (142 au km²). La plupart des Japonais sont de race jaune ; ils possèdent une remarquable facilité d'assimilation. Ils pratiquent, mais sans beaucoup de zèle, le *Bouddhisme* et le *Sintoïsme*, culte national des ancêtres et des forces de la nature. Aujourd'hui tous les cultes sont libres.

Civilisé par la Chine, au viie siècle, le Japon fut ensuite fermé aux étrangers jusqu'au milieu du dernier siècle. A cette époque, le *mikado*, ou empereur, parvint à surmonter les obstacles que la noblesse opposait à toutes les réformes, et il organisa son empire à l'européenne. La transformation a été si rapide que le Japon, après avoir vaincu la Chine, en 1895, et la Russie, en 1905, est devenu une des grandes puissances mondiales.

5. Gouvernement et villes. — Le Japon est une *monarchie constitutionnelle*. L'empereur gouverne à l'aide de ministres qui ne relèvent que de lui. Le pouvoir législatif appartient au Parlement formé de deux Chambres : celle des Pairs, dont les membres sont désignés par le mikado, et celle des Députés, élus au suffrage restreint.

Les villes ont un aspect propre et coquet qui fait défaut dans celles de la Chine. Comme les maisons sont en bois et n'ont généralement qu'un seul étage à cause des fréquents tremblements de terre, et qu'elles sont souvent entourées d'un jardin, les villes occupent de vastes espaces.

Tokio (2.500.000 h.) la capitale, au fond d'une baie manquant de profondeur, a pour port **Yokohama** (400.000 h.), à l'entrée de la même baie. Ces deux villes ont été fort ravagées par le tremblement de terre de 1923. **Kioto** (600.000 h.), l'ancienne capitale, a pour port **Osaka** (1.260.000 h.), le principal centre industriel de l'empire. **Kobé** (610.000 h.) est un autre port considérable sur la Mer Intérieure. **Nagasaki** (180.000 h.), le premier port ouvert aux étrangers, est dans Kiou-Siou. (*Voir p. 26, 5e image.*)

6. Vie économique. — Par suite du relief très accidenté, le septième du sol seulement est **cultivé** ; mais il l'est avec soin, comme en Chine, et il donne les mêmes produits: au Nord, du *blé*, du *millet* et des *haricots ;* au Centre et au Sud, du *riz*, du *thé*, du *coton* et des *mûriers*. L'élevage n'est important que pour la *volaille*.

Les mers avoisinantes, les cours d'eau et les lacs fournissent beaucoup de *poisson* qui est, avec les haricots et le riz, la base de l'alimentation.

Le Japon possède d'abondantes **mines** de *houille* et de

Paysage japonais. — Jardin tout fleuri de lis, d'anémones et de chrysanthèmes ; portique en bois peint en rouge qui se trouve souvent à l'entrée des temples ; îles reliées par des ponts très légers ; maisons basses, en bois, perdues dans la verdure ; champs cultivés avec le plus grand soin ; pyramide volcanique du Fouzi-Yama dominant le tout : tel est l'aspect de ce paysage dont le Japon offre de multiples exemples.

cuivre qu'il exploite. Ses anciennes industries de luxe *(bronzes, laques, porcelanes. soieries)*, sont toujours très actives.

La grande industrie textile de la *soie* et du *coton* se développe rapidement, et ses produits, à cause du bas prix de la main-d'œuvre, font déjà concurrence à ceux de l'Europe sur les marchés de l'Asie.

Le commerce intérieur est facilité par de bonnes *routes*, par un important *réseau ferré* (12.000 km.), formé d'une ligne longitudinale à travers Yéso, Nippon et Kiou-Siou. et de nombreux embranchements, et par un *cabotage* important que le littoral très découpé rend avantageux.

Le commerce extérieur dispose d'une flotte importante (la troisième du monde). Il comprend l'*exportation* des cotonnades. de la soie. des soieries. et du riz de première qualité ; et l'*importation* du coton, des machines, des lainages, et du riz médiocre.

7. Possessions extérieures. — **Émigration.** — Trop à l'étroit dans leurs îles. les Japonais se sont annexé l'*Ile Formose*, la *Presqu'île de Liao-Toung* et la *Corée*.

L'*Ile Formose* a été enlevée à la Chine après la guerre de 1895. La Presqu'île mandchoue de Liao-Toung. avec Port-Arthur, leur a été cédée par la Russie, après sa défaite de 1905. La colonisation japonaise a déjà commencé le long de la voie ferrée qui rejoint le Transmandchourien.

La *Corée*. ancien *Empire du Matin tranquille*. a été annexée en 1910. C'est une presqu'île montagneuse égale aux 2/5 de la France. Elle porte des forêts et des pâturages sur les pentes ; des rizières dans les vallées méridionales. Sa population de 18 millions d'habitants est formée de Coréens bouddhistes. de race jaune, doux, mais nonchalants. et de nombreux colons japonais. *Séoul* (250.000 h.). la capitale, est unie par une voie ferrée à *Fousan* le principal port. et au Transmandchourien.

Le Traité de Versailles a cédé au Japon les anciennes colonies allemandes de la Micronésie situées au nord de l'Équateur, c'est-à-dire les *Mariannes*, les *Carolines* et les *Marshall*.

En dehors de leurs colonies. les **Japonais** émigrent encore aux Havaï et sur les côtes orientales de l'Amérique du Nord. où leur présence n'est pas plus désirée que celle des Chinois, et pour les mêmes raisons.

DEVOIR ÉCRIT. — 1. *Exercice 10 du Cahier de Croquis.* — 2. *Parlez de la vie économique et de l'expansion coloniale du Japon.*

SUPPLÉMENT D'ILLUSTRATION POUR L'ASIE

1. — **Les houillères les plus importantes du Tonkin se trouvent** à Hongay, sur la Baie d'Along, si découpée et si pittoresque avec ses rochers coupés à pic, ainsi que le montre l'image. Comme le charbon affleure à la surface du sol, les mines sont exploitées à ciel ouvert. Au premier plan et à droite, un village de mineurs. Ce charbon, ainsi extrait au bord de la mer, est facilement exporté par des navires, ou bien consommé dans le pays. *(Voir p. 27, 3ᵉ fig.)*

2. — **Lhassa**, la capitale du Thibet, est bâtie dans une large vallée alluviale tout unie. A un kilomètre de la ville, sur une colline rocheuse et conique, isolée au milieu de la vallée, comme le représente l'image, s'élève le palais du Dalaï-Lama. Ce personnage, considéré par les sectateurs de son culte comme une incarnation vivante de Bouddha, est à la fois le chef temporel des Thibétains et le Grand Prêtre d'une des branches du Bouddhisme.

Phot. Molteni.

3. — **Pagodes de Rangoun, de Mandalay et de Bangkok.** — On donne le nom de pagodes aux temples et chapelles brahmanistes ou bouddhistes. Toute pagode se compose d'une partie centrale, le sanctuaire, et d'un nombre plus ou moins considérable d'enceintes séparées par des vestibules à colonnes. Les images ci-dessus montrent le sanctuaire de trois de ces temples. Ce sont de petits édifices contenant la statue du dieu. Leurs toits à plusieurs étages en retrait s'élèvent en forme de cône, de pyramide ou de cloche.

Phot. Molteni.

4. — **La Grande Muraille de Chine** a 5.000 km. de long, 6 mètres de haut, et 6 mètres de large au sommet, où elle forme une terrasse bordée de deux parapets : celui de l'extérieur est à créneaux. Elle est flanquée dans toute sa longueur de tours crénelées distantes de deux traits de flèches pour que l'ennemi pût être partout atteint. Un million d'hommes la défendaient autrefois ; actuellement les passages les plus ouverts sont seuls occupés.

Phot. "Leung Presse".

5. — **Nagasaki** s'élève au bord d'une baie profonde et bien abritée, protégée par plusieurs forts. C'est une des meilleures rades et le second port du Japon, venant immédiatement après celui de Yokohama. Le nom de Nagasaki est bien connu en Europe, car, pendant deux siècles, ce fut le seul port japonais ouvert aux étrangers. La ville exporte surtout du poisson, du riz et du thé; elle fabrique de la porcelaine et des objets en nacre.

SUPPLÉMENT D'ILLUSTRATION POUR L'INDOCHINE FRANÇAISE
Photographies de l'Agence économique de l'Indochine

1. — Culture du riz. — Le riz est lune céréale de 1 à 2 mètres de haut. Les rizières où on 'le cultive sont subdivisées, en parcelles bien nivelées, par des talus de 40 à 50 cm. de hauteur qui servent de chemin. (*Voir l'image de gauche.*) Ces talus sont munis de vannes qui permettent d'inonder la rizière ou de la mettre à sec.

Le riz est semé dans un terrain bien fumé, couvert de 5 ou 6 cm. d'eau ; au bout d'un mois, il atteint 15 à 20 cm. de hauteur.

Pendant que les semis germent, on prépare la rizière : on la couvre d'abord d'une couche d'eau ; quand la terre est bien détrempée, on laboure et l'on herse au moyen de buffles, bovidés qui se plaisent dans les marécages. (*Voir l'image du milieu représentant une rizière du Tonkin.*)

Le riz, qui a poussé, en semis, est repiqué par petites touffes à intervalles égaux. (*Voir l'image de droite qui représente, comme celle de gauche, une rizière de la Cochinchine.*) On laisse croître le riz, la rizière étant inondée ; mais peu à peu, l'eau s'infiltre ou s'évapore, ou bien on l'évacue de façon que la maturité ait lieu sur un sol sec, à la surface au moins.

Quand le riz est mûr, on le coupe à la faucille, on le bat et on décortique le grain.

2. — Hué, la capitale de l'Annam, depuis 1801, est située à 12 km. de la mer, sur la *Rivière des Parfums*, nom poétique que lui ont fait donner ses eaux limpides et bleues, bordées de jardins embaumés. Cette rivière encaissée, que les Européens appellent simplement *Rivière de Hué*, est impropre à la navigation, c'est pourquoi on a uni la ville au port de *Tourane* par une voie ferrée. La ville européenne occupe la rive droite de la Rivière des Parfums ; la ville indigène, la rive gauche, et elle entoure la citadelle ou Cité royale. Celle-ci fut construite à la Vauban, au commencement du XIXᵉ siècle, par un ingénieur français au service de l'empereur Gia-Long qui transporta alors sa capitale à Hué.

La *Cité royale* forme un grand carré de 2.700 mètres de côté, entouré par une muraille crénelée de 12 mètres d'épaisseur et bordée, au Sud-Est, par la Rivière des Parfums et sur les autres côtés par un large fossé rempli d'eau. L'enceinte est percée de portes fortifiées surmontées de pavillons chinois qui servaient autrefois d'abri aux sentinelles. (*Voir l'image.*)

Outre le Palais Royal et le Jardin d'été exclusivement réservés au souverain, la citadelle renferme tous les grands services indigènes : les ministères et les habitations, en style annamite, des ministres et des mandarins attachés au service de l'empereur, des pagodes, une bibliothèque et un observatoire, un collège pour les fils des mandarins, le camp des lettrés où tous les trois ans les étudiants passent des examens pour obtenir les titres qui donnent droit aux emplois publics ; enfin des jardins, des pièces d'eau et même des champs. Devant l'autel de l'agriculture élevé dans ces champs, l'Empereur, tous les ans, conduit la charrue et trace un sillon pour montrer en quelle estime il tient les agriculteurs.

A une dizaine de kilomètres au sud-ouest de la ville, sur les bords de la Rivière des Parfums, dans des sites spécialement choisis pour leur beauté mélancolique, s'échelonnent les *tombeaux des empereurs*.

Tourane ne pourra jamais prendre un grand développement, car sa baie n'est accessible qu'aux jonques de mer ; les navires doivent mouiller près de la Presqu'île de Tien-cha.

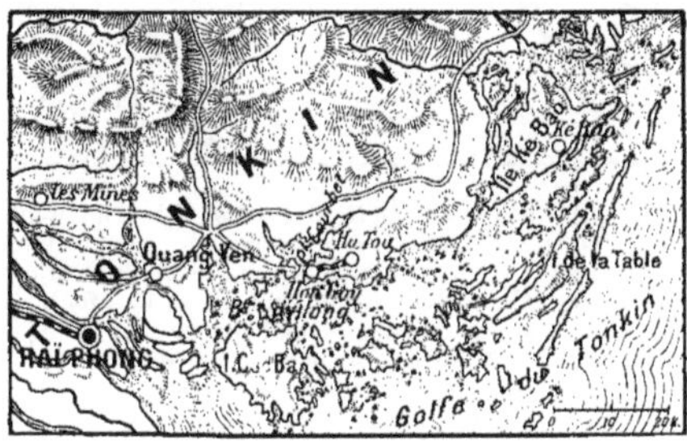

3. — Carte et vue de la Baie d'Along et des Mille Iles.

11e Leçon. — L'AFRIQUE PHYSIQUE

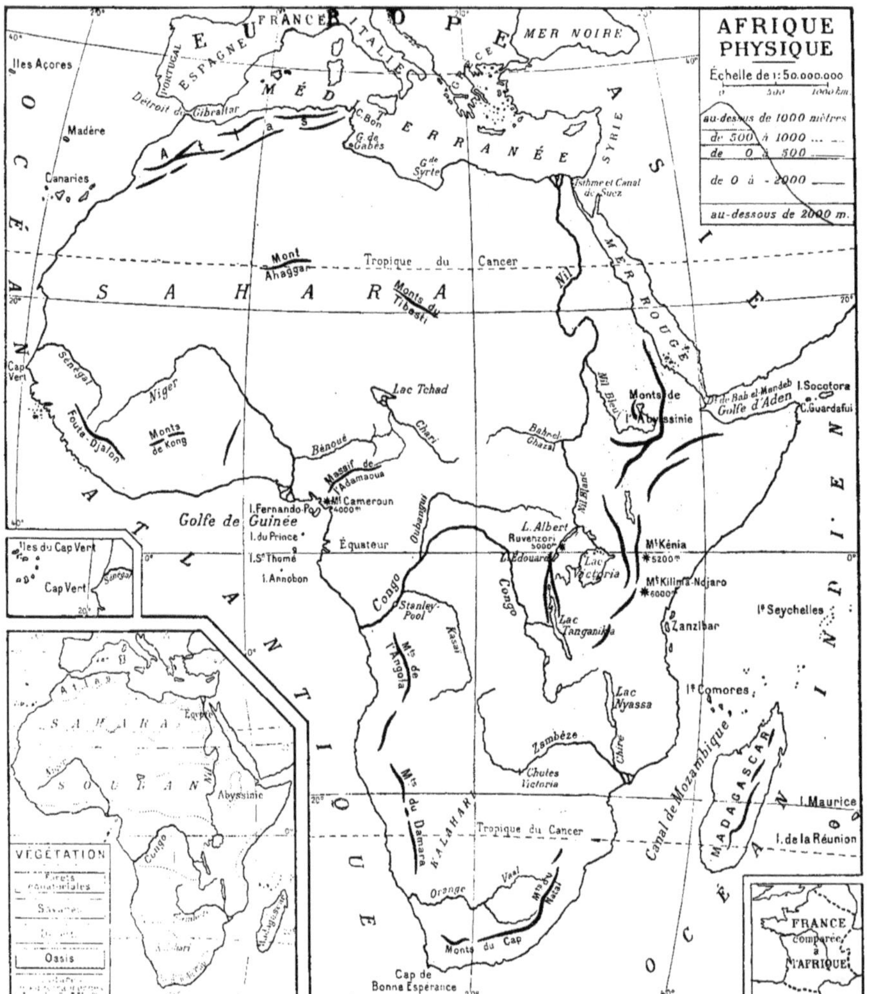

1. Situation et Étendue. — L'Afrique est une vaste presqu'île triangulaire rattachée à l'Asie par l'*Isthme de Suez*, qu'on a coupé par un canal. Elle est trois fois plus grande que l'Europe dont elle est séparée par la Méditerranée.

2. Relief du sol. — L'Afrique est un *immense plateau* ancien, usé par l'érosion, déprimé au centre dans les Bassins du Tchad et du Congo, et *bordé de montagnes*.

Les principales sont : au Nord, l'*Atlas* ; à l'Est, les *Monts de l'Abyssinie*, et ceux de la Région des Grands Lacs équatoriaux dominés par le *Kénia*, le *Kilima-Ndjaro* (6.000 m.) et le *Ruvenzori* ; au Sud-Ouest, les *Monts du Natal*, *du Cap*, *du Damara* et de l'*Angola* ; à l'Ouest, le *Cameroun*, le *Massif de l'Adamaoua*, les *Monts de Kong* et le *Fouta-Djalon* ; au Centre-Nord : l'*Ahaggar* et le *Tibesti*. Sauf les montagnes du Nord et du Sud, qui sont dues à des plissements et à l'érosion, toutes les autres sont volcaniques.

3. Mers et Côtes. — L'Afrique est bornée : au Nord, par la *Méditerranée*, depuis l'Isthme de Suez jusqu'au Détroit de Gibraltar ; à l'Ouest, par l'*Atlantique*, depuis le Détroit de Gibraltar jusqu'au Cap de Bonne-Espérance ; à l'Est, par l'*Océan Indien* et la *Mer Rouge*, depuis le Cap de Bonne-Espérance jusqu'à l'Isthme de Suez.

La **Méditerranée** forme la Grande Syrte et le Golfe de Gabès, et baigne le Cap Bon.

L'**Atlantique** forme le Golfe de Guinée, et baigne le Cap Vert. Il entoure les Açores, Madère, les Canaries et les Iles du Cap Vert, au Nord-Ouest ; les Iles Fernando-Po, du Prince, Saint-Thomas et Annobon, au fond du Golfe de Guinée ; l'Ascension et Sainte-Hélène, plus à l'Ouest.

L'**Océan Indien** forme la Mer Rouge, dont il est séparé par le Détroit de Bab-el-Mandeb, et baigne le Cap Guardafui. Il entoure la Grande Ile de Madagascar, séparée de l'Afrique par le Canal de Mozambique, l'Ile de la Réunion, Maurice, les Comores, Zanzibar, les Seychelles et Socotora.

Toutes ces îles, sauf les Canaries, Fernando-Po, Zanzibar et Socotora, sont séparées du Continent par de grandes profondeurs marines.

Les **Côtes** de l'Afrique sont généralement basses et sablonneuses. Elles sont formées d'alluvions accumulées par les fleuves au pied des montagnes bordières ; aussi les ports naturels sont-ils rares. De plus, les vagues, en frappant le socle sous-marin sur lequel repose l'Afrique, se redressent et produisent une barre très nuisible à la navigation.

4. Climat et Productions naturelles. — L'Afrique est *partout très chaude*, car l'Équateur la traverse en son milieu, et elle touche à peine aux zones tempérées. C'est la répartition des pluies qui modifie son climat et ses productions. *(Voir, page précédente, le carton des régions végétales de l'Afrique.)*

a) Au centre, dans la **zone équatoriale**, les chaleurs et les pluies sont fortes et constantes : c'est le pays des *forêts vierges* où vivent des *animaux qui grimpent* aux arbres, comme les singes, ou *qui rampent* sur le sol, comme les crocodiles et les serpents.

b) De chaque côté de la zone équatoriale, s'étendent les **deux zones tropicales**. La chaleur y est toujours très forte, mais les pluies diminuent à mesure qu'on s'éloigne de l'Équateur. Ce sont des régions de *savanes*, où vivent des *animaux coureurs :* des *herbivores*, comme les éléphants, les rhinocéros, les hippopotames, les girafes ; et des *carnassiers*, comme les lions ; enfin l'autruche, un *oiseau coureur* aussi, et le plus gros de tous.

c) Au delà des zones tropicales, s'étendent les **régions désertiques** du Sahara, au Nord, et du Kalahari, au Sud. La chaleur y est variable, mais la sécheresse constante. Le *chameau* est à peu près le seul animal remarquable qui puisse vivre dans ces régions où ne croissent que quelques touffes d'*herbes dures*. Autour des sources, dans les *oasis*, la végétation est puissante ; on y cultive surtout des *dattiers*.

d) Après les zones désertiques, viennent les **régions tempérées chaudes** de l'Atlas, au Nord, et du Cap, au Sud. Elles produisent des *céréales* et des *fruits*, et on y élève des *chevaux*, des *bœufs* et des *moutons*.

5. Cours d'eau. — Les grands fleuves d'Afrique appartiennent aux régions des fortes pluies, aussi sont-ils

Le Zambèze et les Chutes Victoria.
(Voir page 47, la 2e image et sa légende.

très abondants ; mais, en descendant des plateaux intérieurs, ils forment des cascades, ce qui les rend peu navigables.

Les deux principaux centres de dispersion des eaux africaines sont les Régions du Fouta-Djalon et celles des Lacs équatoriaux.

Du Fouta-Djalon descendent deux fleuves importants : le **Sénégal** et le **Niger**. Ils décrivent une courbe en sens inverse et se jettent dans l'Atlantique. Ils ne sont abondants qu'à la saison des pluies, en été. Le Niger est grossi de la *Benoué* venant du Massif de l'Adamaoua.

De la Région des Lacs descendent trois grands fleuves : le *Congo*, le *Zambèze* et le *Nil*.

Le **Congo** déverse les eaux du *Lac Tanganika* ; décrit une vaste courbe vers le Nord en coupant ainsi deux fois l'équateur, puis il tourne vers l'Ouest et reçoit ses deux plus puissants affluents : l'*Oubangui*, à droite, et le *Kassaï*, à gauche ; après avoir formé le *Lac Stanley*, il se précipite par 32 cataractes et finit dans l'Atlantique par un vaste delta. C'est le plus puissant fleuve du monde après l'Amazone. De tous les fleuves de l'Afrique, il est le seul abondant en toute saison, car il traverse les régions équatoriales constamment pluvieuses, et ses affluents, qui viennent des deux zones tropicales, lui apportent, à tour de rôle, leurs tributs abondants.

Le **Zambèze** forme les *Chutes Victoria*, les plus puissantes de toutes, déverse les eaux du *Lac Nyassa* par le *Chiré*, et finit dans l'Océan Indien.

Le **Nil** est formé du *Nil Blanc* qui déverse les *Lacs Victoria*, *Edouard* et *Albert*, et reçoit le *Bahr-el-Ghazal*, et le *Nil Bleu* qui descend des Monts de l'Abyssinie. Il coule vers le Nord en formant de nombreuses cataractes, qui en réalité, ne sont que des rapides. Très abondant en été, car toutes ses eaux lui viennent de la région tropicale, il déborde en cette saison et fertilise l'Égypte par ses inondations. De puissants barrages permettent de remplacer l'immersion passagère par l'irrigation permanente. Le Nil finit à la Méditerranée par un vaste delta. C'est le plus long fleuve du monde (6.500 km.) après le Mississipi-Missouri (7.200 km.).

L'**Orange** et son affluent le Vaal sont des cours d'eau peu abondants de la zone tempérée du Sud.

Le **Tchad** est un lac fermé qui s'évapore peu à peu : son principal tributaire, le Chari, lui vient du Sud.

DEVOIR ÉCRIT. — 1. *Exercice 11 du Cahier de Croquis.* — 2. *Parlez des climats et des productions naturelles rencontrées par un voyageur qui traverserait l'Afrique du Nord au Sud.*

12ᵉ Leçon. — L'AFRIQUE POLITIQUE

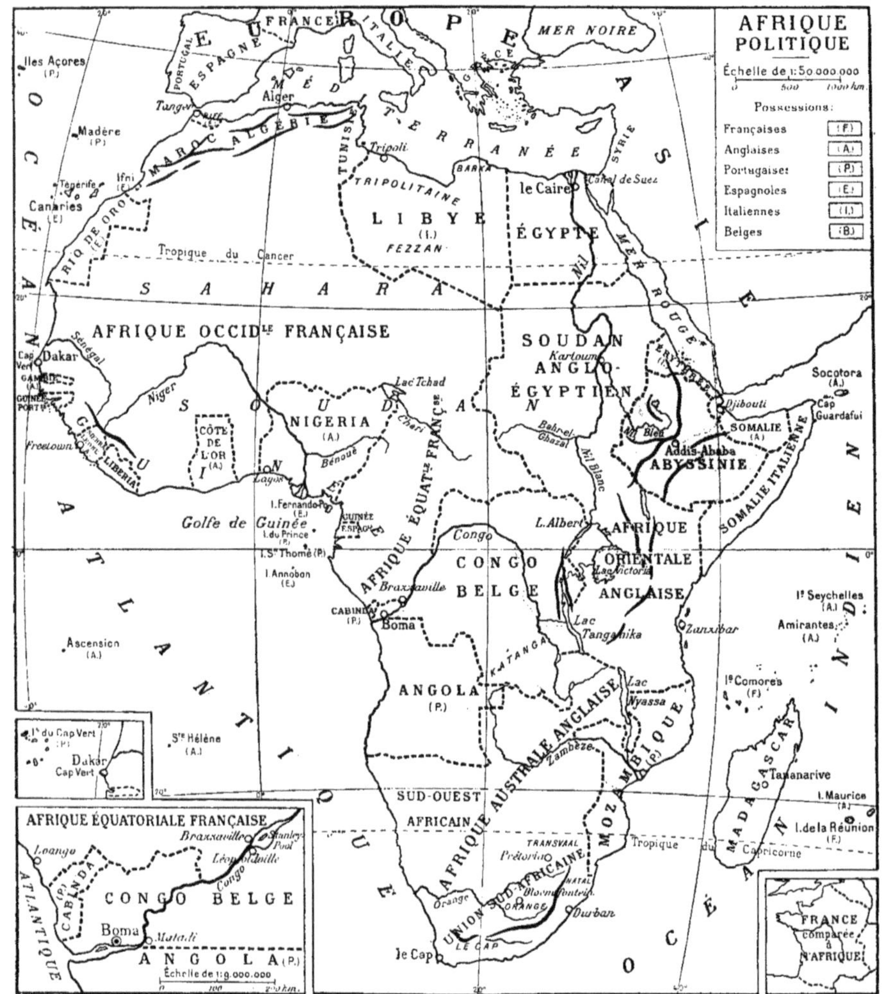

1. Population, Races et Religions. — L'Afrique est peuplée d'environ 135 millions d'habitants (5 au km²), très inégalement répartis.

Les *régions désertiques* des zones sèches sont presque inhabitées, sauf les oasis qui sont surpeuplées.

Les *régions humides et chaudes* des zones équatoriales et tropicales sont assez peuplées, surtout le long des côtes et des fleuves.

Les *régions tempérées* du Nord et du Sud ont les plus fortes densités.

Les régions les plus chaudes du centre sont occupées par des *Noirs*. Ceux du Soudan et de la Région des Lacs équatoriaux sont, en général, musulmans, et vivent d'une agriculture rudimentaire ; ceux de la Région du Congo et du Zambèze sont restés païens, et ils vivent de pêche ou de chasse.

Dans les régions moins chaudes du Nord et de l'Est

habitent des peuples de *Race blanche, au teint foncé*, agriculteurs ou pasteurs : des Berbères et des Arabes musulmans ; des Coptes et des Abyssins chrétiens.

Dans les régions tempérées, des *Colons européens* se sont établis : au Nord, des Français, des Italiens et des Espagnols ; au Sud, des Hollandais et des Anglais. Ils ont conservé la langue et la religion de leur pays d'origine.

2. Exploration et Partage politique de l'Afrique. — A l'exception du littoral de la Méditerranée et de la Mer Rouge, l'Afrique est longtemps restée le *Continent inconnu*. Les *Portugais* furent les premiers à contourner l'Afrique (en 1497), et à s'établir le long des côtes ; mais l'impossibilité de remonter les fleuves, à cause de leurs nombreuses chutes, retarda longtemps l'exploration de l'intérieur ; celle-ci ne commença qu'au début du dernier siècle, avec le Français *René Caillé* qui traversa le Sahara, de Tanger à Tombouctou. (*Voir l'image.*)

Au milieu du XIXᵉ siècle, les sources du Nil furent découvertes par des explorateurs anglais venus de la côte orientale. Le pasteur anglais *Livingstone*, dans ses nombreuses courses à travers l'Afrique australe, reconnut la région du Zambèze. L'Américain *Stanley* traversa l'Afrique équatoriale et explora les régions des Grands Lacs, et du Congo qu'il descendit, alors que *de Brazza*, au nom de la France, explorait son cours inférieur.

Les derniers voyages importants à travers l'Afrique furent accomplis par des Français. En 1891, *Monteil* alla du Sénégal à Tripoli par le Tchad ; en 1898, *Marchand* se rendit de l'Atlantique à la Mer Rouge par le Congo, le Bahr-el-Ghazal et l'Abyssinie ; enfin en 1899, le Tchad fut atteint par la *Mission Foureau-Lamy*, venant de l'Algérie, et par la *Mission Gentil*, venant du Congo.

Les Congrès de Berlin, en 1885, et de Bruxelles, en 1890, fixèrent les zones d'influence des puissances, en Afrique.

Aujourd'hui, ce continent appartient presque en entier aux Européens, surtout aux Français et aux Anglais. Seules l'*Égypte*, l'*Abyssinie* et la petite *République nègre de Libéria* forment des États indépendants.

3. La France domine au Nord, à l'Ouest et dans les îles orientales. Elle possède : 1º au Nord : l'*Algérie*, la *Tunisie*, le *Maroc*, le *Sahara central* et *occidental* ; 2º à l'Ouest : l'*Afrique occidentale française*, comprenant une grande partie du Soudan et des Côtes de Guinée : l'*Afrique équatoriale française* qui s'étend du Tchad au Congo : 3º à l'Est, *Madagascar*, la *Réunion*, les *Comores* et *Djibouti*.

4. L'Angleterre domine à l'Est et au Sud. Elle possède : 1º à l'Est : le *Soudan anglo-égyptien*, l'*Afrique orientale anglaise*, et la *Somalie anglaise* ; au large : l'*Ile Maurice*, fertile et bien peuplée ; les *Amirantes*, les *Seychelles* et *Socotora* ; 2º au Sud : l'*Afrique Australe* ; 3º à l'Ouest : la *Gambie* ; la *Sierra-Léone*, avec le port de Freetown ; la *Côte de l'Or*, aux mines aurifères ; la *Nigéria*, vaste possession de 18 millions d'habitants, qui exporte, par le port de Lagos, beaucoup d'huile de palme ; au large : l'*Ascension* et *Sainte-Hélène*.

5. Afrique portugaise, espagnole et italienne. — Le Portugal possède les *Iles Açores* et *Madère*, au climat doux et humide, très fertiles (vin de Madère) et très peuplées ; les *Iles du Cap Vert*, sèches et peu habitées ; les *Iles du Prince* et *Saint-Thomas*, fertiles, mais insalubres ; sur le continent, la *Guinée portugaise*, l'enclave de *Cabinda*, l'*Angola* et le *Mozambique*.

L'Espagne possède la côte du *Riff*, sauf Tanger inter-

Quelques explorateurs de l'Afrique.

nationalisé ; l'*Ifni* et le *Rio de Oro*, sur la côte du Sahara ; les *Canaries*, avec l'Ile de Ténérife, dont le Pic aigu passa longtemps pour le plus haut sommet du Globe, quoiqu'il n'ait que 3.732 mètres d'altitude ; les *Iles Fernando-Po* et *Annobon*, et la *Guinée espagnole* qui leur fait face.

A l'Italie appartiennent la *Côte orientale de la Somalie* ; l'*Erythrée* sur la Mer Rouge, et la *Lybie*. Cette dernière région saharienne, qui comprend la Tripolitaine avec le port de Tripoli, la Barka (l'ancienne Cyrénaïque) et quelques oasis du Fezzan, n'a pas grande valeur économique ; elle est peuplée d'un million de musulmans : Berbères agriculteurs et Arabes pasteurs nomades.

6. La Belgique occupe presque tout le *Bassin du Congo*. Cette immense plaine circulaire, de 200 mètres d'altitude moyenne, est inclinée vers le centre et relevée sur les bords. Elle est parcourue par le Congo, qui traverse la bordure littorale par une suite de cataractes rendant sa navigation impossible ; une voie ferrée, Matadi-Léopoldville, y supplée.

Le climat est constamment chaud, humide et malsain ; aussi le Congo belge ne peut être qu'une colonie d'exploitation. Toute la partie centrale est couverte d'une immense forêt vierge, riche en bois précieux et en lianes à caoutchouc. La savane entoure la forêt : les Indigènes y chassent l'éléphant et s'y livrent à quelques cultures de riz, de maïs et de sorgho.

Le *cuivre* et l'*or* du Katanga, le *caoutchouc*, les *noix de palme* et l'*ivoire* sont les principaux produits exportés par cette colonie, qui *importe* surtout du *matériel de chemin de fer et de navigation* et des *articles d'habillement et de ménage*.

Boma, sur l'estuaire du Congo, est le chef-lieu et le principal port de la colonie. Le pays est peuplé de 15 millions de Noirs, généralement sauvages et fétichistes.

DEVOIR ÉCRIT. — 1. *Exercice 12 du Cahier de Croquis.* — 2. *En partant de Tanger, faites le tour de l'Afrique par l'Ouest, et nommez les pays longés et l'État auquel ils appartiennent.*

13ᵉ Leçon. — L'ALGÉRIE PHYSIQUE

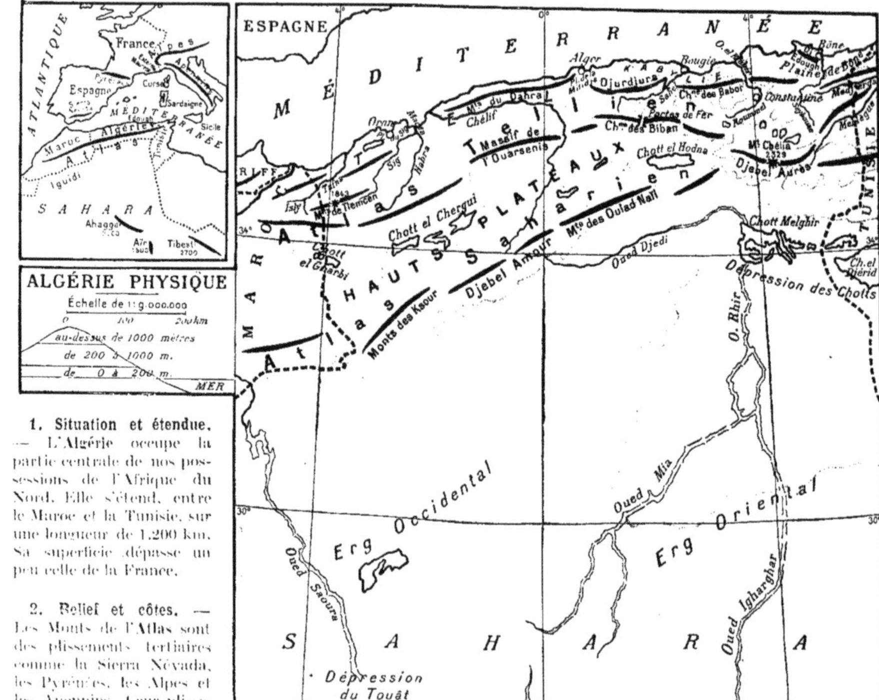

1. Situation et étendue. — L'Algérie occupe la partie centrale de nos possessions de l'Afrique du Nord. Elle s'étend, entre le Maroc et la Tunisie, sur une longueur de 1.200 km. Sa superficie dépasse un peu celle de la France.

2. Relief et côtes. — Les Monts de l'Atlas sont des plissements tertiaires comme la Sierra Névada, les Pyrénées, les Alpes et les Apennins. Leur plissement paraît avoir été provoqué par l'effondrement d'une terre de l'ère primaire, qui a laissé comme témoins les Maures et l'Estérel en France, la Corse, la Sardaigne, la Sicile, et l'*Édough* à l'Ouest de Bône. (*Voir le carton ci-dessus.*)

Ces plissements sont formés de grès tendres, de calcaires marneux et d'argiles facilement attaquables par les eaux. Aussi l'érosion a-t-elle partout émoussé le relief. Souvent elle a creusé, à travers les crêtes montagneuses, de profondes brèches que suivent les cours d'eau et qui donnent au massif une structure très fragmentée.

L'Algérie est traversée, de l'Ouest à l'Est par une double chaîne morcelée en massifs, encadrant de Hauts Plateaux.

1º L'*Atlas tellien*, au Nord, comprend les *Monts de Tlemcen*, les plus élevés de la chaîne (1.843 m.); les *Monts du Dahra* et le *Massif de l'Ouarsénis* séparés par le *Chélif*; la *Chaîne des Biban* avec le *Défilé des Portes de Fer*; le *Djurdjura* et la *Chaîne des Babor* dans la Kabylie (*Voir 3ᵉ image*); enfin l'*Édough*, d'origine primaire.

La plupart de ces massifs finissent sur la mer par une côte rocheuse formant une suite de promontoires, entre lesquels se creusent des golfes largement ouverts terminant des plaines littorales; les principales sont celles du *Sig* ou d'Oran, de la *Mitidja* ou d'Alger, du *Sahel* ou de Bougie, de la *Seybouse* ou de Bône.

2º L'*Atlas Saharien*, comprend, de l'Ouest à l'Est, les *Monts des Ksour*, le *Djebel Amour*, les *Monts des Oulad Naïl* et le *Djebel Aurès* avec le *Mont Chélia*, de 2.329 m., le point culminant de l'Algérie. (*Voir 1ʳᵉ image.*)

3. Régions naturelles. — Les deux chaînes de l'Atlas divisent le pays en trois régions naturelles : le *Tell*, le *Plateau* et le *Sahara*.

1º Le Tell est compris entre la Méditerranée et la première chaîne. C'est une région de montagnes et de collines boisées, de vallées et de plaines fertiles. (*Voir 3ᵉ image.*)

2º Les Plateaux s'étendent entre les deux chaînes. Leur altitude moyenne est de 1.000 mètres. Ils sont parsemés de chotts ou lacs temporaires, et de steppes ou pâturages d'été.

3º Le Sahara commence avec le versant méridional de l'Atlas saharien. C'est un désert, au relief varié, où se trouvent des dépressions, des plaines, des plateaux et des montagnes.

a) Les *dépressions* sont peu étendues. Les deux principales du Sahara français sont celles du *Touât* et des *chotts* de l'Est algérien.

Phot. Office du Gouv. Gⁱ de l'Algérie.

1. — Le Djebel Aurès aux Gorges d'El Kantara. — El Kantara
(le pont) doit son nom à un pont romain jeté par-dessus l'oued qui
roule au fond d'une gorge dominée par des roches calcaires de 100
à 130 mètres de hauteur. Cette gorge, appelée la Bouche du Désert,
est parcourue par le chemin de fer de Biskra dont elle est éloignée
de 56 km. Une oasis de 18.000 palmiers en occupe l'entrée et porte,
comme la gorge et l'oued, le nom d'El Kantara.

Phot. Étab. Lévy et Neurdein réunis.

2. — Le Sahara vu du Col de Sfa, à 8 km. au nord de Biskra.
Le Sahara est plus caractérisé par sa sécheresse que par son relief
qui est des plus variés, puisqu'il en comprend à peu près tous les
formes : dépressions et montagnes, plaines sablonneuses et plateaux pierreux. Ces plateaux appelés hamadas par les Arabes
et tassilis par les Berbères ont une surface irrégulière, desséchée,
durcie et couverte de rocailles, sans eau, ni végétation.

b) Les *plaines sablonneuses* ou *ergs*, plus ou moins
ondulées, occupent de vastes étendues. On distingue
l'*Erg oriental* au Sud de la Tunisie, l'*Erg occidental* au
Sud de l'Algérie, et l'*Iguidi* au Sud du Maroc. (*Voir le
carton.*)

c) Les *plateaux* ou *hamadas* occupent les 2/3 du Sahara : ce
sont d'immenses surfaces de 500 à 600 mètres d'altitude,
desséchées et durcies, couvertes de galets. (*Voir 2ᵉ image.*)

d) Les *montagnes* occupent le Sahara Central. Elles
atteignent 1.500 m. dans l'*Aïr*, 2.700 m. dans le *Tibesti*,
et 3.000 m. dans l'*Ahaggar*. (*Voir le carton.*)

4. Climat et végétation. — Le climat et la végétation
de l'Algérie *varient avec les régions*.

1º Le **Tell**, soumis à l'influence méditerranéenne, est
sec et chaud en été (25º en moyenne) pluvieux et doux
en hiver (10º en moyenne). Les pluies augmentent de
l'Ouest à l'Est (de 0 m. 40 à 1 m. 20).

La végétation est méditerranéenne, c'est-à-dire carac-
térisée par des arbres à feuilles toujours vertes, comme
l'olivier et le pin ; par des maquis de genévriers et de
palmiers nains, et par des plantes odorantes : thym,
menthe, serpolet. (*Voir 3ᵉ image.*)

2º Les **Hauts Plateaux** ont un climat continental, des
étés torrides, des hivers glacés, et peu de pluies. C'est le
domaine de l'alfa et des steppes pour l'élevage des
moutons.

3º Le **Sahara** est très sec : il y pleut rarement et jamais
à époque fixe, sauf dans la région montagneuse du centre,
où les pluies tombent en été par fortes averses. A cause
de cette sécheresse, la température du Sahara présente
de grands écarts. Seules, les oasis fertilisées par des
sources ou des puits, sont cultivées, et les régions montagneuses et moins sèches du centre sont parcourues par
des pasteurs nomades.

5. Hydrographie. — L'Algérie étant très accidentée,
sans pluies en été et sans glaciers, n'a que des cours
d'eau torrentueux et temporaires, à crues soudaines et
rapides, souvent à sec en été. Ils ne sont pas navigables,
mais ils servent à l'irrigation, grâce à de nombreux et
puissants barrages qui retiennent les pluies d'hiver.

Les principaux sont, de l'Ouest à l'Est : la **Tafna**
grossie de l'*Isly* ; la **Macta**, formée du *Sig* et de l'*Habra* ;
le **Chélif** (700 km.), le plus long de tous ; le **Sahel** : le
Roummel qui finit à la Méditerranée sous le nom d'*Oued
El Kébir* ; la **Seybouse**. (*Voir p. 50, 2ᵉ image.*)

Les rares pluies d'hiver des Hauts Plateaux se déver-
sent par des cours d'eau temporaires (des ouadi, pluriel
de oued), dans des chotts ou lacs saumâtres que les
chaleurs de l'été évaporent en tout ou en partie. Les
principaux sont : les *Chotts Gharbi, Chergui, Hodna* et
Melghir.

Les pluies d'automne de la région centrale du Sahara,
et celles qui tombent sur le versant méridional de l'Atlas
Saharien remplissent, pendant quelques jours seulement,
des vallées très larges où elles s'infiltrent dans le sable
et coulent en nappes souterraines à l'abri de l'évaporation.
Ces eaux reviennent au jour par des sources (aïn) ou par
des puits.

Les plus remarquables de ces vallées desséchées sont
l'*Oued Saoura* ; l'*Oued Djedi* et l'*Oued Rhir* formé par
l'*Oued Mia* et l'*Oued Igharghar*.

DEVOIR. — 1. *Exercice 13 du Cahier de Croquis.* — 2. *Parlez
du climat et de l'hydrographie de l'Algérie et du Sahara français.*

Phot. Office du Gouv. Gⁱ de l'Algérie.

3. — La Kabylie est une région montagneuse du Tell. Les Kabyles,
d'origine Berbère, vivent dans des villages perchés sur les sommets
des collines, pour ménager les bonnes terres des parties basses et
pour défier les surprises, contre lesquelles ils avaient souvent à se
défendre avant notre occupation. Ces villages, aux toits de tuiles
rouges, et dont les murs sont blanchis à la chaux, ne sont pitto-
resques que de loin, car ils n'ont que des ruelles étroites, encombrées de fumier et de détritus. Comme le montre l'image, les pentes
des collines sont couvertes d'oliviers.

14ᵉ Leçon. — L'ALGÉRIE POLITIQUE ET ÉCONOMIQUE

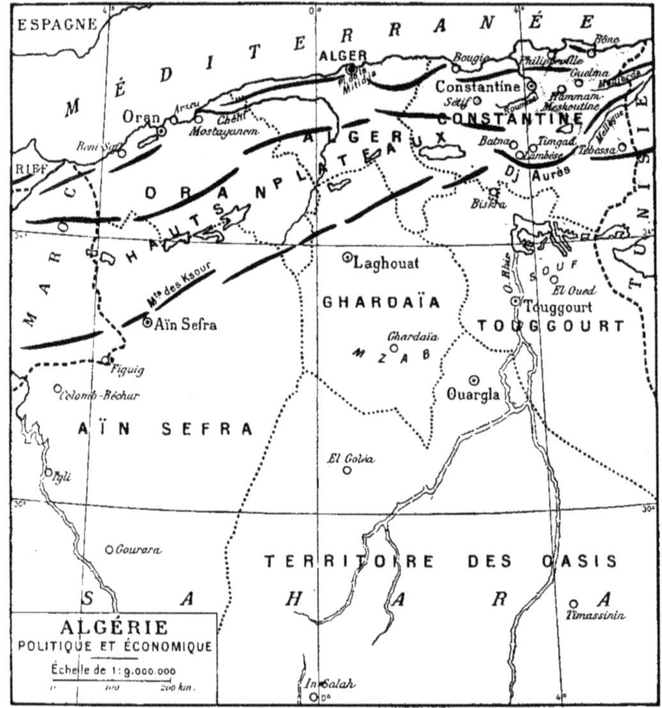

1. **La population** de l'Algérie est de 6 millions d'habitants (10 au km²).

Elle se compose, en majorité, d'indigènes : *Berbères, Arabes. Maures* et *Juifs*, et environ 1 10 d'*Européens*.

1° Les **Berbères** sont les descendants des anciens habitants du pays. Autrefois chrétiens, ils ont été forcés, par les Arabes, d'embrasser le mahométisme. Ils comprennent surtout les Kabyles, les Chaouïas et les Touaregs. Les *Kabyles* du Tell et les *Chaouïas* de l'Aurès sont des agriculteurs sédentaires : ils acceptent aisément notre occupation qui leur fournit des méthodes plus pratiques d'agriculture et des débouchés à leurs produits. Les *Touaregs* du Sahara sont des nomades d'humeur indépendante.

2° Les **Arabes** descendent des conquérants du pays, au vIIᵉ siècle. Ce sont des pasteurs nomades. Ils acceptent difficilement la domination française. car la culture, qu'elle cherche à étendre, gêne leur nomadisme. Ils occupent surtout les Hauts Plateaux où ils vivent, sous des tentes, du produit de leurs troupeaux.

3° Les **Maures**, métis de Berbères et d'Arabes, vivent dans les villes, de la petite industrie ou du commerce.

Tous ces indigènes : Berbères, Arabes et Maures, sont musulmans et parlent l'arabe : cependant un million de Berbères parlent leur ancien idiome.

4° Les **Juifs** (50.000) ont été naturalisés en masse en 1870 ; ils sont artisans ou commerçants.

5° Les **Européens** sont 700.000, dont 500.000 Français ; les autres sont surtout Italiens ou Espagnols.

2. Gouvernement et administration. — La conquête de l'Algérie, provoquée par les insultes du bey d'Alger à notre consul. commença en 1830 par la prise d'Alger.

L'Algérie est *administrée* par un Gouverneur général qui réside à Alger. Elle comprend trois départements portant le nom de leur chef-lieu : **Alger, Oran** et **Constantine.**

L'Algérie est divisée en trois diocèses, dont un archevêché, Alger. et deux évêchés, Oran et Constantine ; elle forme l'Académie d'Alger.

Le 19ᵉ corps d'armée, dont le quartier général est à Alger, occupe l'Algérie, la Tunisie et le Maroc.

3. Agglomérations et Villes. — La population algérienne est en majorité *rurale*, car elle est surtout agricole, mais elle se groupe par villages.

Les villes algériennes sont doubles : elles comprennent la ville ancienne ou arabe, et la ville moderne ou européenne.

Les villes les plus actives sont sur le littoral.

Alger (186.000 h.) est le chef-lieu de la colonie et le quatrième port français. (*Voir p.* 50, 1ʳᵉ *image*.)

Les autres ports de l'Algérie : **Oran** (148.000 h.), **Mostaganem, Bougie. Philippeville** et **Bône**, occupent, comme Alger, la rive occidentale d'une baie demi-circulaire malheureusement trop ouverte aux vents du Nord. (*Voir p.* 50. 2ᵉ *image, et p.* 51, 6ᵉ *fig.*)

Constantine (73.000 h.) est bâtie à l'intérieur, sur une roche escarpée qu'entourent les gorges profondes du Roummel. (*Voir p.* 50. 4ᵉ *image*.)

Batna, place forte bâtie au pied de l'Aurès, est la seule ville des Hauts Plateaux. Cependant, les célèbres ruines romaines de *Lambèse*, de *Timgad* et de *Tébessa* attestent que la région était riche et peuplée autrefois ; elle était couverte de forêts, mais les Arabes les ont détruites pour étendre leurs pâturages, ce qui a modifié le climat, diminué les pluies, desséché les rivières et ruiné le pays. (*Voir p.* 51, 8ᵉ *image*.)

Biskra (11.000 h.) à l'entrée du désert, est une oasis fréquentée en hiver pour la douceur de son climat.

4. Le Sahara central et occidental est placé sous

l'influence française, depuis 1890 : son étendue égale près de cinq fois celle de la France, mais les parties quelque peu habitées n'occupent qu'une superficie égale aux 4/5 de la France. Il est peuplé d'un demi-million d'habitants : des agriculteurs sédentaires dans les oasis, et des pasteurs nomades dans les terrains de parcours.

Le Sahara français se divise en quatre territoires militaires, dont les commandants relèvent directement du Gouverneur général de l'Algérie. Ce sont : *Aïn-Sefra*, *Ghardaïa*, *Touggourt* et le *Territoire des Oasis* qui s'étend au sud des trois autres.

1° Le **Territoire d'Aïn-Sefra**, dans le Sud oranais, comprend les Oasis d'*Aïn-Sefra*, le chef-lieu, de *Figuig*, d'*Igli* et de *Gourara*.

2° Le **Territoire de Ghardaïa**, au Sud d'Alger, comprend l'Oasis de *Laghouat*, le chef-lieu, et le groupe des sept oasis du *Mzab* dont la principale est *Ghardaïa*.

3° Le **Territoire de Touggourt**, au Sud de Constantine, comprend les oasis de l'*Oued Rhir* dont le chef-lieu est *Touggourt* (*Voir l'image*), et les oasis du *Souf* avec *El Oued*, la principale. (*Voir p. 51, 7e image.*)

4° Le **Territoire des Oasis** comprend *Ouargla*, le chef-lieu, *El Goléa*, *In-Salah* et *Tinassinin*.

5. Agriculture. — 1° L'Algérie est un pays essentiellement agricole. La colonisation lui a fait faire de grands progrès. Le sol a été fertilisé par l'emploi des phosphates que produit la région. Des travaux de drainage et des plantations d'eucalyptus ont transformé de vastes marécages pestilentiels en plaines très fertiles, telle la Mitidja. L'outillage agricole a été amélioré. La sécheresse, le grand ennemi de l'agriculture algérienne, a été combattue par l'irrigation au moyen de nombreux et puissants barrages-réservoirs. Cependant, il reste encore un ennemi redoutable et contre lequel il est bien difficile de lutter : les sauterelles, qui dévorent jusqu'à l'écorce des arbres lorsqu'elles s'abattent sur une région.

a) Toutes les cultures sont concentrées dans le Tell. Les *céréales* tiennent la première place : la *vigne*, la seconde, et l'*olivier*, la troisième. (*Voir p. 33, 3e image.*) Viennent ensuite le *tabac*, les *primeurs*, les *cultures fruitières* (figuiers, orangers et mandariniers) et l'exploitation des *forêts* (chênes lièges et palmiers nains pour crin végétal).

b) Les Plateaux produisent une espèce de graminée, l'*alfa*, dont on fait des nattes et qu'on exporte en Europe pour fabriquer du papier.

c) Les oasis sahariennes ont trois étages de végétation : au ras du sol, des *graminées* ou des *légumes* ; au-dessus, des *oliviers*, des *figuiers* ou des *grenadiers*, étendant leurs branches autour desquelles la *vigne* s'enlace ; enfin, couvrant le tout à 20 ou 30 mètres de hauteur, des *dattiers* ; on en compte près de 6 millions de pieds.

2° L'élevage des *bêtes à cornes* se pratique surtout dans le Tell oriental plus humide ; Guelma en est le centre ; celui des *chevaux arabes*, sur les Hauts Plateaux.

Les travaux agricoles utilisent surtout les *bœufs*, les *mulets* et les *ânes*.

Les *brebis*, les *chèvres* et les *chameaux* sont élevés sur les Hauts Plateaux, dans les oasis et dans les terrains de parcours du Sahara.

6. Industrie. — L'Algérie dispose d'importantes richesses minières, mais elle manque de houille, aussi doit-elle exporter presque tous ses minerais à l'état brut.

Touggourt, le chef-lieu du territoire de même nom, est un bourg de 2.500 habitants et la principale des oasis de l'Oued Rhir, dont la France s'est emparée en 1854, au moment où les puits mal creusés ne donnaient guère plus d'eau et obligeaient les habitants à s'enfuir. On creusa de nouveaux puits artésiens. Aussi la population est remontée de 6.000 à 30.000 habitants et les dattiers de 300.000 à 1.600.000. La France a donc conquis deux fois ces oasis.

Seuls les produits agricoles sont traités sur place dans des *minoteries*, des *distilleries*, des *huileries*, des *fabriques de tabac* et de *préparation du liège*.

D'immenses bancs de *phosphates* s'étendent dans la partie orientale des Hauts Plateaux. Sétif et Tébessa sont les principaux centres d'exploitation ; Bougie et Bône, les ports d'expédition.

Le *minerai de fer* est extrait sur de nombreux points de l'Algérie et exporté par Beni-Saf, Alger et Bougie ; les *minerais de zinc et de plomb*, par Bône et Bougie ; le *minerai de cuivre*, par Bône.

Les *eaux thermales* d'Hamman-Meskoutine, près de Guelma, sont très fréquentées. (*Voir p. 50, 3e image.*)

7. Voies de communication. — L'Algérie n'a pas de voies navigables. Les transports se font par route et par voie ferrée.

1° Les routes sont nombreuses, 14.000 km., bien tracées et fort employées par l'automobilisme.

2° Les voies ferrées ont 3.500 km. de développement. Une ligne Est-Ouest unit les villes du Tell et se raccorde avec les chemins de fer marocains et tunisiens. Sur cette grande artère longitudinale se greffent des voies transversales Nord-Sud qui l'unissent aux ports de la côte et pénètrent à l'intérieur, quelques-unes jusqu'aux oasis sahariennes.

3° Dans le Sahara, les transports se font encore par caravanes de chameaux. (*Voir p. 51, 5e image*). Cependant l'automobilisme y pénètre.

4° L'Algérie compte trois grands ports : Alger, Oran et Bône, et de nombreux ports secondaires, entre autres : Philippeville, Bougie, Béni-Saf, Mostaganem et Arzeu.

8. Commerce. — Les progrès du commerce algérien sont considérables, comme ceux de l'agriculture et de l'industrie. Ce commerce se fait pour les 3/4 avec la France, et le reste avec l'Angleterre, l'Espagne et l'Italie.

L'Algérie **exporte** des *produits agricoles* (céréales, vins, olives, tabacs, primeurs, fruits, liège, crin végétal, alfa, animaux, laines et peaux) et des *produits miniers* (phosphates, fer, plomb, zinc et cuivre). Elle **importe** des *produits fabriqués* (tissus et machines), de la *houille* et des *denrées tropicales* (sucre et café).

DEVOIR. — 1. *Exercice* 14 *du Cahier de Croquis.* — 2. *Parlez de l'Agriculture algérienne.*

15ᵉ Leçon. — LA TUNISIE

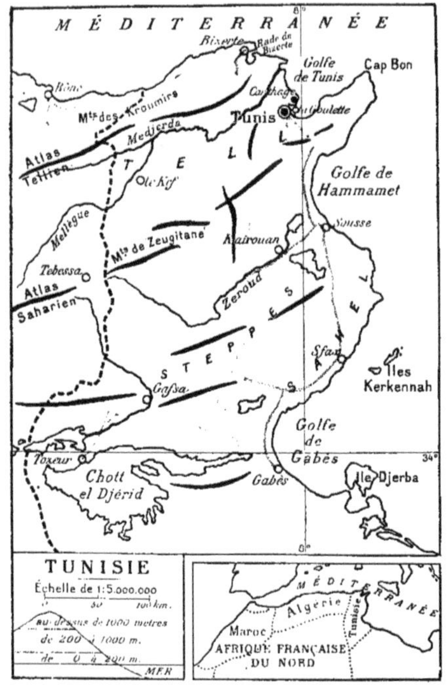

1. Situation et étendue. La Tunisie prolonge l'Algérie à l'Est. Sa superficie égale le cinquième de celle de la France

2. Relief et côtes. En Tunisie, les deux chaînes de l'Atlas algérien s'abaissent et se rapprochent. La zone intermédiaire des Plateaux algériens est remplacée ici par la *Vallée fertile de la Medjerda*, qui sépare les *Monts des Kroumirs*, prolongement de l'Atlas Tellien, des *Monts de Zeugitane* qui continuent l'Atlas Saharien. Ces derniers monts se terminent par la *Presqu'île du Cap Bon*, et s'abaissent à l'Est et au Sud en une plaine qui descend jusqu'à 20 mètres au-dessous des Océans en atteignant la Région des Chotts.

La côte tunisienne est élevée et rocheuse au Nord, où elle est creusée par la *Rade de Bizerte* et le *Golfe de Tunis*. Elle est basse et sablonneuse à l'Est où elle s'évase dans le *Golfe d'Hammamet*, et dans celui de *Gabès*, où les *Iles Kerkennah* et *Djerba* marquent l'ancien rivage.

3. Climat et hydrographie. Comme en Algérie, le climat de la Tunisie est salubre et convient à l'Européen. La *température augmente et les pluies diminuent du Nord au Sud*. Ces pluies ne tombent guère qu'en hiver, par violentes averses.

Le Nord, suffisamment arrosé, a des rivières permanentes : la *Medjerda* grossie de la *Mellègue* est la principale ; elle draine une vallée très fertile remplie des traces de l'occupation romaine.

Au Sud des Monts de Zeugitane, les pluies trop rares ne gonflent que des ouadi temporaires qui viennent se perdre dans les Chotts, dont le principal est celui du *Djérid*.

4. Régions naturelles. — Le relief et le climat divisent la Tunisie en quatre régions naturelles : le *Tell*, le *Sahel*, la *Steppe* et le *Désert*.

1° Le *Tell* comprend toute la région accidentée et fertile qui s'étend au Nord des Monts de Zeugitane et que draine la Medjerda.

2° Le *Sahel* c'est la plaine littorale, large d'une vingtaine de kilomètres, qui va des Golfes d'Hammamet à celui de Gabès : c'est le pays des oliviers.

3° La *Steppe* s'étend derrière le Sahel, entre les Monts de Zeugitane et le Sahara. Ses herbes rares et courtes servent à l'élevage du mouton.

4° Le Sahara n'est fertile et peuplé que dans les oasis de Gabès, de Gafsa et de Tozeur.

5. Gouvernement et administration. — La Tunisie fut placée sous notre protectorat, en 1881, à la suite d'une expédition provoquée par les maraudes des Kroumirs qui pillaient notre frontière algérienne.

Le *Bey de Tunis* gouverne le pays sous le contrôle d'un *Résident général* français, chargé des affaires étrangères et de la haute surveillance de l'administration intérieure du Bey. Dans chaque district, des contrôleurs français surveillent l'administration des caïds ou chefs indigènes.

L'armée relève du 19ᵉ Corps d'armée dont le siège est à Alger. Au point de vue catholique, la Tunisie forme l'archevêché de Carthage-Tunis.

6. Population. — La Tunisie est peuplée de 2 millions d'habitants, dont 160.000 Européens.

Les **Indigènes** comprennent, comme en Algérie, des *Berbères* (les Kroumirs sont des Berbères), des *Arabes*, des *Maures* et des *Juifs*. Ils sont plus sédentaires que nomades, et, par conséquent, plus assimilables qu'en Algérie, parce qu'ils sont plus agriculteurs.

Les **Français** sont deux fois moins nombreux que les **Italiens**, mais leur infériorité numérique est rachetée par l'influence due à leur fortune ou à leurs fonctions.

7. Villes. — Comme en Algérie, les villes de la Tunisie sont doubles : elles comprennent la ville ancienne ou indigène, et la ville moderne ou européenne.

Tunis (174.000 h.) la capitale, est construite entre deux lacs dont l'un la fait communiquer avec la mer par la *Passe de la Goulette*. C'est le débouché de toute la région du Tell. A 12 km. au Nord-Est de la ville se trouvent les ruines de l'antique *Carthage* et la *Cathédrale Saint-Louis* bâtie sur les lieux où mourut le saint roi.

Bizerte (21.000 h.) est un port de guerre et de commerce creusé à l'entrée d'une rade vaste et sûre (*Voir* 1ᵉʳ *croquis*) ; **El Kef** (6.000 h.), un poste militaire dans la Vallée de la Mellègue, au centre de mines de fer ; **Sousse** (20.000 h.), le port de la Tunisie centrale (*Voir* 3ᵉ *image*), **Kairouan** (18.000 h.), la ville sainte des musulmans (*Voir* 2ᵉ *image*) ; **Sfax** (28.000 h.), le principal port du Sahel, et le second de la Tunisie ; **Tozeur** (14.000 h.), la principale des oasis du Djérid ; **Gafsa** (5.000 h.), une oasis et le centre de l'exploitation des phosphates tunisiens (*Voir* 1ᵉ *image*) ; **Gabès** (1.200 h.), une oasis au bord de la mer.

1. — **Bizerte** est bâtie au fond d'une baie en demi-cercle ; deux jetées d'un kilomètre de long forment un avant-port. Le port de commerce est creusé le long du chenal qui met en communication la Méditerranée avec le lac servant de rade. Cette rade, de 10 à 15 m. de profondeur et de 150 km. de surface, est capable d'abriter toutes les flottes de la Méditerranée. Un arsenal est établi à Ferryville sur la côte méridionale de la rade.

8. L'Agriculture rencontre, en Tunisie, le même ennemi qu'en Algérie, la sécheresse en été, que l'on combat par les mêmes moyens, des barrages-réservoirs qui permettent l'irrigation. De plus, comme les colons possèdent, en général, de vastes fermes, ils emploient davantage les procédés de la grande culture : machines agricoles et engrais chimiques. Aussi, quoique d'origine plus récente, l'agriculture tunisienne est aussi avancée qu'en Algérie.

1º La principale culture est celle des *céréales* (blé, orge, avoine) ; elle occupe de vastes espaces dans le Tell, où l'on cultive la *vigne* également.

L'*olivier* vient au second rang ; il est la richesse du Sahel, comme le *dattier* est celle des oasis de la région saharienne. On exploite l'*alfa* dans la région des steppes, et le *liège* dans les Monts des Kroumirs.

2º L'élevage du *gros bétail* dans le Tell, des *moutons*, des *chèvres* et des *chameaux* dans la steppe, est en progrès, mais pourrait être plus considérable.

9. Industrie. — 1º On pêche le *thon* sur toutes les côtes tunisiennes, et les *éponges*, dans le Golfe de Gabès.

2º Les mines de *phosphates* des environs de Gafsa, et celles de *fer*, de *zinc* et de *plomb*, du nord de la Tunisie, sont activement exploitées.

3º Comme en Algérie, le manque de houille empêche l'établissement de la grande industrie. Seuls les produits agricoles sont transformés sur place dans des *minoteries* et des *huileries*.

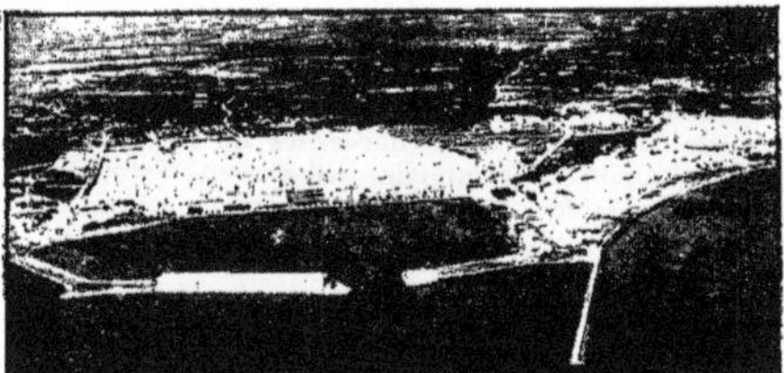

Phot. Office du Protectorat Français de Tunisie.

2. — **Kairouan** (vue partielle prise en avion). La ville s'élève dans une plaine nue. Elle a fort bel aspect, de loin, avec ses murs crénelés, dominés par les coupoles et les minarets de ses nombreuses mosquées. La principale, la Grande Mosquée que représente l'image, comprend une immense salle dont le plafond est soutenu par 180 colonnes qui la divisent en 17 nefs ouvrant par 17 portes sur une grande cour entourée d'une double colonnade.

4º Quant à la **petite industrie indigène**, elle décline, par suite de la concurrence des produits européens fabriqués à meilleur compte. Cependant les *tapis* de Kairouan et les *tissus de luxe* conservent encore leur vieille réputation.

10. Voies de communication. — 1º La navigation fluviale n'existe pas, mais les ports de *Bizerte*, *Tunis*, *Sousse* et *Sfax* ont été aménagés pour faciliter les entrées et les sorties.

2º Il y a 4.000 km. de bonnes routes.

3º On a établi 2.000 km. de voies ferrées. Une ligne longe la côte, de Bizerte à Gabès par Tunis, Sousse et Sfax. Sur cette ligne Nord-Sud d'autres se sont greffées allant vers l'Ouest : de Tunis, en Algérie par la Vallée de la Medjerda, et aux mines d'El Kef ; de Sousse ou de Sfax aux mines de phosphates et aux oasis de Gafsa et de Tozeur.

11. Le commerce de la Tunisie se fait pour les 2/3 avec la France et l'Algérie.

Il **exporte** des *produits agricoles* (blé, vin, huiles, dattes, alfa, liège), *d'élevage* (bétail, laines, peaux), *de la pêche* (thon, éponges), *des mines* (phosphates et minerais de fer, de zinc et de plomb). Il **importe** de la *houille* et des *produits manufacturés* (tissus et machines).

DEVOIR. — 1. *Exercice 15 du Cahier de Croquis.* — 2. *Quelles sont les productions de la Tunisie ?*

Phot. Office du Protectorat Français de Tunisie.

3. — **Sousse** (vue générale prise en avion). C'est le port du Sahel dont il exporte l'huile d'olive. La ville, aux maisons en briques blanchies à la chaux, s'étage sur le littoral ; elle est entourée d'une forêt d'oliviers qui lui fournissent le principal produit d'exportation.

Phot. Photo. Levy et Neurdein réunis.

4. — **Gafsa** est une oasis de 5.000 habitants qui vivent du produit de leurs 200.000 dattiers et de l'industrie des tapis. Son importance s'est considérablement accrue par l'exploitation des phosphates que l'on trouve abondamment aux environs.

16e Leçon. — LE MAROC

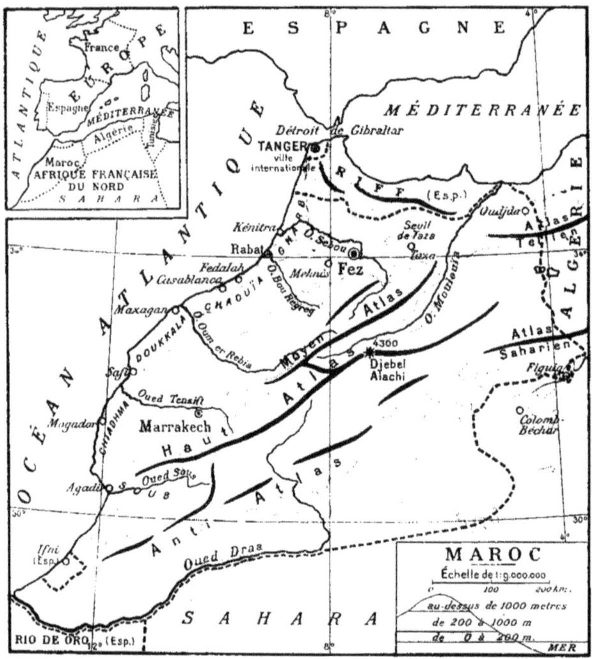

1. Situation et étendue. — Le Maroc prolonge l'Algérie à l'Ouest. Sa superficie égale les 4/5 de celle de la France.

2. Relief et côtes. — Au Maroc, les deux chaines de l'Atlas Algérien s'ouvrent en éventail vers l'Ouest et se dédoublent : l'*Atlas Tellien* devient le **Riff** et le **Moyen Atlas**; l'*Atlas Saharien* est appelé **Haut Atlas et Anti-Atlas**. Ces montagnes atteignent jusqu'à 4.300 m. au *Djebel Aïachi*, et portent des neiges persistantes et des glaciers. Elles descendent vers l'Atlantique par des plateaux en terrasses, puis par des plaines limoneuses et fertiles qui se terminent par une côte basse et sablonneuse souvent bordée de lagunes.

Ces plaines portent différents noms. Les plus connus sont : le *Gharb* au Nord, la *Chaouïa* et la *Doukkala* au Centre, la *Chiadhma* et le *Sous* au Sud.

La Chaine du Riff se termine sur la Méditerranée par une côte rocheuse et escarpée, mais peu découpée. Elle est séparée du Moyen Atlas par le *Seuil de Taza* qui mène du Maroc dans le Tell Algérien. D'autre part, ces deux chaines sont séparées de l'Atlas Tellien par la *Vallée de la Mouloüia*.

3. Climat et hydrographie. — Par la disposition de son relief, le Maroc est tourné à la fois vers la Méditerranée, vers le Sahara et vers l'Atlantique, ce qui détermine trois **régions climatériques** :

1° Le *climat est méditerranéen*, c'est-à-dire sec et chaud en été, humide et doux en hiver, au nord du Riff et dans la Vallée de la Mouloüia.

2° Il est *saharien*, c'est-à-dire sec et excessif, au sud de l'Anti-Atlas.

3° Il est *océanique* sur le versant occidental, où des pluies, assez abondantes, sont amenées par les vents dominants de l'Ouest. Elles alimentent de nombreux cours d'eau, dont la plupart, grâce aux neiges des hauts sommets, ne tarissent jamais.

Ces cours d'eau, impropres à la navigation à cause de leur forte pente, commencent à être utilisés pour l'irrigation qui transformera les plaines littorales en vastes jardins maraîchers.

Les plus importants de ces cours d'eau sont : l'*Oued Sébou* au Nord ; le *Bou-Regreg*, l'*Oum-er-Rebia* et l'*Oued Tensift*, au Centre. L'*Oued Sous*, au Sud, est déjà presque à sec en été, et l'*Oued Draa*, dans la région saharienne, n'a de l'eau qu'en hiver. La *Mouloüia* coule du Sud au Nord et finit à la Méditerranée.

4. Régions naturelles. — Le relief et le climat divisent le Maroc en quatre régions naturelles : 1° les **Plaines littorales de l'Atlantique** humides et fertiles, surtout dans le *Gharb* et la *Chaouïa* ; 2° les **Massifs montagneux** steppiques ou boisés (*Voir* 1re *image*) ; 3° la **Vallée de la Mouloüia**, steppique ou boisée au Centre et au Sud, fertile en cultures méditerranéennes au Nord ; 4° enfin le **Désert du Sahara**.

5. La population du Maroc est de 6 millions d'habitants. Elle comprend surtout des **Berbères** agriculteurs. Les autres races indigènes sont, comme en Algérie et en Tunisie, des *Arabes* nomades et pasteurs, et des *Maures* artisans ou marchands. Ils sont tous musulmans et parlent l'arabe. Les *Juifs* sont peu nombreux.

Malgré leur fanatisme religieux, les mœurs agricoles de la plupart d'entre eux nous les soumettront plus facilement, car nous leur apportons la sécurité, et un débouché pour leurs produits.

Les Européens sont 52.000, dont 42.000 Français ; l'immigration est de 10.000 par an.

6. Gouvernement et Villes. — Le Maroc est une sultanie protégée par la France depuis 1912. Un *Résident général* français assiste et surveille le gouvernement du *Sultan*.

Comme en Algérie et en Tunisie, les villes du Maroc ont des caractères communs. Elles sont entourées d'épaisses murailles, flanquées de tours crénelées, et percées de portes fortifiées. Elles se divisent en quartiers, souvent séparés par des murs.

Fez (70.000 h.), la première ville du Maroc, est unie à l'Atlantique et à l'Algérie par une route et une voie ferrée. C'est la ville sainte du Maroc et la plus industrielle du pays ; elle travaille le cuir (*maroquinerie*) et fabrique des toques rouges appelées *fez* du nom de la ville. (*Voir* 3e *image*.)

Phot. Office du Protectorat du Maroc.

1. — **Paysage du Maroc** pris vers les sources du Bou-Regreb. Les pentes de ces montagnes sont couvertes de chênes-verts, et l'on voit à leur pied des palmiers nains qui constituent les 9/10 de la végétation des parties incultes de la plaine.

Phot. Office du Protectorat du Maroc.

2. — **Rabat** est un port sur l'Atlantique, à l'embouchure du Bou-Regreb. La vue est prise de la Kasbah, dont on aperçoit deux des tours et les murs crénelés, face au port et à la vieille Tour de Hassan, du XIIe siècle, qui, quoique découronné, a encore 50 m. de haut.

Meknès (38.000 h.), au sud-ouest de Fez, ancienne résidence du sultan, est un centre d'élevage.

Marrakech (140.000 h.), une des anciennes capitales, donne son nom déformé, Maroc, à toute la sultanie. Ce nom est européen, les indigènes l'ignorent : ils appellent leur pays *El Maghreb el Aksa* (l'Occident extrême), ou bien, dans le langage courant, *El Gharb* (l'Ouest). (*Voir* 4e *image.*)

Rabat (31.000 h.) est un port et la résidence actuelle du Sultan et du Résident Général. (*Voir* 2e *image.*)

Casablanca (102.000 h.) est le port le plus fréquenté du Maroc et le seul bien aménagé ; c'est la plus importante des villes de colonisation européenne.

Kénitra, Fedalah, Mazagan, Safi, Mogador et **Agadir** sont des ports sur l'Atlantique.

Taza et **Oudjda** occupent la dépression qui conduit du Maroc en Algérie.

7. Agriculture et Industrie. — 1° Le Maroc est surtout **agricole.** Les Plaines de l'Atlantique sont très fertiles. Aussi, malgré des méthodes surannées, les *céréales* (l'orge surtout), le *lin*, les *légumes* (fèves et pois chiches), et les *arbres fruitiers* (oliviers et figuiers), donnent de bons rendements, que l'irrigation mieux entendue et l'emploi de méthodes agricoles plus modernes pourront facilement augmenter.

2° Dans les pâturages gras du versant de l'Atlantique, on élève des *bœufs* et des *chevaux*, tandis que les steppes herbeux du Sud nourrissent des *brebis* et des *chèvres*. La *volaille* est très répandue.

3° Des **forêts** de chênes-lièges, de cèdres, de thuyas et d'arganiers, s'étendent dans les plaines et sur les pentes montagneuses.

4° Le **sous-sol** est encore peu exploité, mais il renferme des gisements de phosphate, de pétrole, de fer, de cuivre et de manganèse.

5° Les **industries**, soit des indigènes, soit des Européens, ne travaillent que pour la consommation sur place. Cependant il existe d'anciennes industries d'art dont les produits (broderies, tapis, cuivres, poteries, meubles, etc.) font l'objet de quelque commerce avec les étrangers, surtout les touristes.

8. Voies de communication et Commerce. — En quelques années, 4.000 km. de routes praticables aux automobiles ont été tracées, et 1.200 km. de lignes stratégiques, à voie étroite, ont relié le Maroc intérieur à la côte de l'Atlantique et à l'Algérie. On travaille à les élargir et à les compléter.

Les ports, peu profonds et gênés par la barre, sont peu sûrs et par suite peu importants. Le mieux aménagé et le plus actif est celui de Casablanca.

Une ligne régulière d'aviation fait le service entre Toulouse et Casablanca, en 24 heures.

Le commerce se fait, pour les 3/5, avec la France, puis avec l'Angleterre. Il comprend l'*exportation* des céréales, des légumes, des laines, des peaux et des œufs, et l'*importation* des cotonnades, du sucre, du thé et des machines.

DEVOIR. — 1. *Exercice* 16 *du Cahier de Croquis* — 2. *Décrivez le Relief du Maroc.*

Phot. Office du Protectorat du Maroc.

3. — **Fez**, la capitale du Maroc, s'allonge le long d'un petit affluent de l'Oued Sébou, et entre deux rangées de collines verdoyantes.

Phot. Office du Protectorat du Maroc.

4. — **Marrakech** s'étale dans la plaine. La Koutoubia, une copie de la Tour de Hassan, de Rabat, s'élève à 65 m. de hauteur.

17e Leçon. — L'AFRIQUE OCCIDENTALE FRANÇAISE

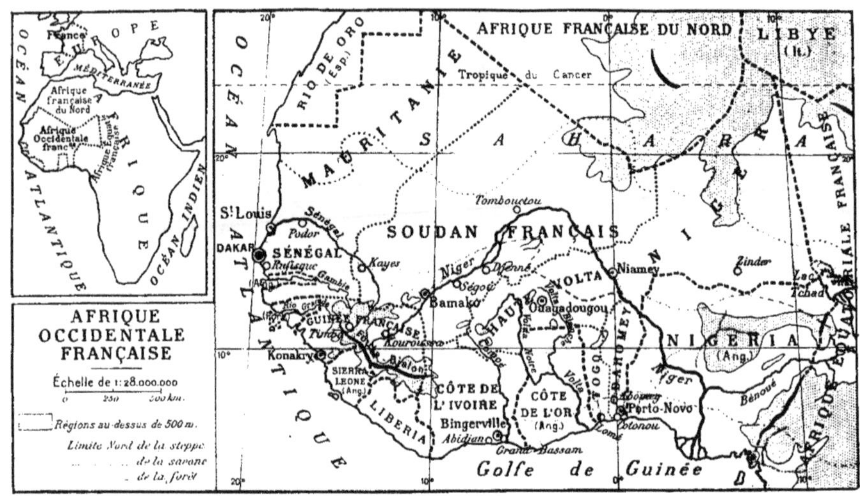

1. Situation et étendue. — L'Afrique occidentale française s'étend du Golfe de Guinée au Sahara, et de l'Atlantique au Lac Tchad. Elle est sept fois plus grande que la France.

2. Relief et côtes. — Cette immense région est constituée par un vaste *plateau* de 200 à 300 mètres d'altitude qui s'élève en massif montagneux, au Sud-Ouest, dans le *Fouta-Djalon* (1.100 m.), tandis qu'il s'abaisse lentement à l'intérieur et descend vers la mer en terrasses parallèles au rivage.

La côte, généralement basse, est précédée d'une ligne de hauts fonds qui forment une barre dangereuse à la navigation. (*Voir* 1re *image.*)

3. Climat et végétation. — Le climat de l'Afrique occidentale est partout très chaud. Il est très humide au Sud, mais les pluies diminuent à mesure qu'on s'éloigne du Golfe de Guinée et qu'on approche du Sahara où elles deviennent presque nulles. Dans l'ensemble, ce climat ne convient pas à l'Européen ; aussi le pays ne pourra jamais être qu'une *colonie d'exploitation.*

La diminution des pluies avec la latitude divise cette vaste région en trois zones de végétation.

1° *Au Sud*, où les pluies durent presque toute l'année, c'est la zone de la forêt épaisse, où croissent les palmiers à huile, les arbres à caoutchouc, les bananiers et les bois d'ébénisterie.

2° *Au centre*, où les pluies durent six mois, de mai à octobre, c'est la zone de la savane aux graminées épaisses et géantes que les indigènes incendient en décembre quand elles sont desséchées, et où ils établissent leurs cultures ; les arbres, comme le karité ou arbre à beurre, le fromager et le baobab, ne s'y rencontrent qu'isolés ou en bouquets, ou bien en forêts galeries le long des cours d'eau.

3° *Au Nord*, où les pluies ne durent que trois ou quatre mois et sont peu abondantes, c'est la zone de la brousse aux arbustes épineux comme l'acacia gommier, et, plus au Nord encore, la zone de la steppe aux herbes maigres, rudes et temporaires.

4 Hydrographie. — Du massif du Fouta-Djalon rayonnent de nombreux cours d'eau. Malheureusement ils sont coupés de rapides, et les pluies périodiques qui les alimentent leur donnent un régime très irrégulier : débordants durant la saison des pluies, ils ne traînent que quelques filets d'eau à la saison sèche, surtout ceux du Nord où les pluies sont plus rares. Le *Sénégal* (1.700 km.) et le *Niger* (4.200 km.) sont les deux plus importants. Ils décrivent, en sens inverse, une vaste courbe, vers le Nord, et se terminent, surtout le Niger, par de multiples bras.

Les rivières côtières de moindre importance sont la *Gambie* et le *Rio Grande* qui drainent, dans leur cours inférieur, les possessions anglaises et portugaises ; le *Comoé* et la *Volta* qui finissent dans le Golfe de Guinée.

5. La population de l'Afrique occidentale est de 10.000 Européens, dont 8.000 Français, et de 13 millions d'indigènes, ce qui donne seulement un peu plus de 3 habitants au km².

La population indigène comprend des **Blancs** au teint bronzé, des **Métis**, et surtout des **Noirs**. La plupart sont musulmans ; cependant il y a 95.000 catholiques convertis par nos missionnaires.

6. Administration et villes. — L'Afrique occidentale française comprend huit colonies. Elle est administrée par un *Gouverneur général* qui a sous ses ordres les *Lieutenants gouverneurs* de chacune des colonies. La capitale est *Dakar* (33.000 h.), port militaire et marchand.

1. — **Le Wharf** ou appontement métallique de Grand-Bassan est muni de grues pour le débarquement ou l'embarquement des marchandises. Des chalands font la navette entre l'extrémité du wharf et les navires mouillés en rade. Avant la construction de cet appontement, les barques qui faisaient le service entre la côte et les navires mouillés au large devaient franchir la barre qui sévit avec violence sur tout ce littoral, et beaucoup de marchandises se perdaient ainsi.

2. — **Un village indigène** dans la région fertile et boisée du Fouta-Djalon. Ce massif montagneux doit à son altitude de jouir d'un climat relativement modéré qui le rend susceptible de colonisation. Remarquez les huttes à grands toits coniques descendant presque jusqu'à terre, la barrière de branchages qui entoure le village pour le mettre à l'abri des fauves, et l'attelage de bœufs tirant la charrette dont les roues en fer dénotent une origine européenne.

La population vit dispersée en petits villages ; même les plus fortes agglomérations, avec leurs cases en boue durcie, cachées dans la verdure, ne ressemblent qu'à de gros villages ; seules, celles du littoral, et celles de l'intérieur qui sont desservies par des voies ferrées et où les Européens ont établi des factoreries, ont quelque peu l'aspect de villes. (*Voir* 2e *image.*)

1º Le **Sénégal** a pour chef-lieu *Saint-Louis* (19.000 h.) qui décroît sans cesse au profit de Dakar. *Rufisque* (12.000 h.) est le centre du commerce des arachides.

2º La **Guinée** française a pour chef-lieu *Konakry* (9.000 h.), bon port qu'une voie ferrée unit au Niger. *Timbo* est le principal centre commercial du Fouta-Djalon.

3º La **Côte de l'Ivoire**, chef-lieu *Bingerville* (900 h.), a pour port *Grand-Bassam* (8.000 h.). D'*Abidjan* (6.000 h.), la future capitale, part une voie ferrée (316 km.) qui se dirige vers le Nord.

4º Le **Dahomey**, chef-lieu *Porto-Novo* (21.000 h.), a pour port *Cotonou* (4.000 h.) d'où part, vers l'intérieur, une voie ferrée qui passe près d'*Abomey* (10.000 h.), l'ancienne capitale des rois du Dahomey.

5º Le **Soudan** français a pour chef-lieu *Bamako* (15.000 h.) sur le Niger, qu'une voie ferrée unit à *Kayes* (12.000 h.) sur le Sénégal. *Djenné*, sur le Niger, et *Tombouctou* (8.000 h.) au nord de la boucle du fleuve, sont des centres de commerce. (*Voir p.* 51, 9e *image.*)

6º La **Haute-Volta**, chef-lieu *Ouagadougou* (20.000 h.).

7º Le **Niger**, chef-lieu *Niamey ; Zinder*, ancien chef-lieu.

8º La **Mauritanie**, chef-lieu *Saint-Louis* du Sénégal.

9º Le **Togo**, ancienne colonie allemande, est un territoire à mandat dont le chef-lieu est le port de *Lomé* (10.000 h.).

7. Vie économique. — Jusqu'ici, tous les efforts économiques, en Afrique occidentale, ont eu pour but de créer des moyens d'accès et de transport, de développer les cultures anciennes ou d'en acclimater de nouvelles.

1º Une **barre** énorme obligeait les navires à s'arrêter au large et à transborder, sur des barques légères, les marchandises, dont un cinquième se perdait aux passages dangereux. Elle a été évitée par l'établissement de longues jetées en fer (des *wharfs*) qui s'avancent de 100 ou 200 m. dans la mer. (*Voir* 1re *image.*)

2º Les **ports** ont été munis d'un bon outillage, et leurs environs assainis par le dessèchement des marécages. Les principaux sont *Dakar, Saint-Louis, Rufisque, Konakry, Grand-Bassam, Cotonou* et *Lomé*.

3º Les **fleuves**, coupés de rapides, ont été rectifiés sur plusieurs points. Le *Sénégal* est navigable en tout temps jusqu'à Podor, et à la saison humide jusqu'à Kayes. Le *Niger* l'est depuis Kouroussa, sauf de Bamako à Ségou, à cause des rapides.

4º Un **réseau routier** se construit. Il existe déjà 1.400 km. de routes, et 14.000 km. de bonnes pistes.

5º Des **voies ferrées** ont été établies pour atteindre et unir les sections navigables des grands fleuves. Une ligne unit Dakar à Kayes sur le Sénégal, à Bamako sur le Niger, et longe la partie non navigable de ce fleuve jusqu'à Ségou. La ligne de Guinée part de Konakry sur l'Atlantique et atteint, à Kouroussa, le Niger, navigable à partir de ce point. Les lignes de la Côte de l'Ivoire et du Dahomey ne sont encore que les amorces de deux grandes lignes qui doivent rejoindre le Niger.

6º Les **cultures** ont été étendues et améliorées par l'initiation des indigènes aux méthodes européennes.

a) Les cultures vivrières principales sont celles du millet, du maïs et du manioc établies dans la brousse préalablement incendiée, et celle du riz qui occupe les zones d'inondation du Niger.

b) Pour l'exportation, on cultive ou l'on exploite : 1º les *oléagineux :* arachide au Sénégal, palmier à huile dans la zone humide du Golfe de Guinée ; 2º les *acacias gommiers* au Sénégal, et le *karité*, ou arbre à beurre, au Soudan ; 3º des *textiles :* coton au Dahomey et dans la Vallée du Niger ; kapok au Soudan et à la Côte de l'Ivoire ; 4º des *forêts :* bois d'ébénisterie (surtout l'acajou) et caoutchouc de la zone forestière de Guinée ; 5º des *fruits tropicaux :* bananiers et ananas de la Guinée ; cacao de la Côte de l'Ivoire. (*Voir p.* 4, 5e *image et p.* 51, 10e *image.*)

7º L'**élevage** se pratique : pour les *bœufs*, au Sénégal, au Soudan, en Haute-Volta, en Guinée et au Dahomey ; pour le *mouton* et la *chèvre*, en Mauritanie et au Soudan.

8º Les **pêcheries** établies près des côtes de Mauritanie fournissent en abondance du poisson sec pour les indigènes, du poisson frais et des langoustes que l'on expédie en Europe.

9º Le **commerce** extérieur comprend l'*exportation* des produits bruts : arachide, gomme, coton, huile et amandes de palme, caoutchouc, cacao, bois précieux, peaux, animaux vivants, et l'*importation* des produits fabriqués : cotonnades, outils et quincaillerie.

DEVOIR. — 1. *Exercice* 17 *du Cahier de Croquis.* — 2. *Combien y a-t-il de zones de végétation dans l'Afrique occidentale et quels sont les produits propres à chacune ?*

1S^e Leçon. — L'AFRIQUE ÉQUATORIALE FRANÇAISE

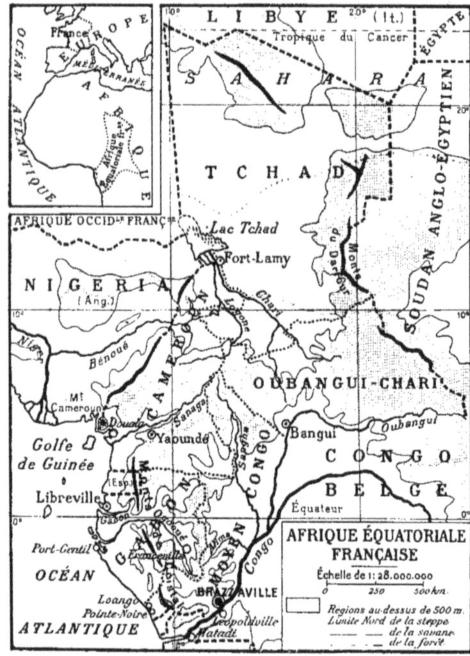

1. Situation et étendue. — L'Afrique équatoriale française s'étend de l'Afrique occidentale française et de la Nigéria jusqu'au Soudan anglo-égyptien, et du Congo belge à la Libye italienne.

Son étendue égale cinq fois celle de la France.

2. Relief. — Cette immense région s'étend sur un *plateau* incliné au Nord vers le *Tchad* et au Sud vers le *Congo*, et relevé, à l'Est, dans les *Monts du Darfour* et à l'Ouest dans les *Monts de Cristal* et du *Cameroun* ; elle se termine sur l'Atlantique par une plaine basse et alluviale.

3. Divisions climatériques et hydrographie. — Comme en Afrique occidentale, le climat de l'Afrique équatoriale est partout très chaud. Il est très humide au Sud, mais les pluies diminuent à mesure qu'on s'éloigne de l'équateur et qu'on approche du Sahara où elles sont presque nulles. Dans l'ensemble, le climat est trop chaud pour l'Européen ; aussi le pays ne pourra jamais être qu'une *colonie d'exploitation*.

La différence d'humidité divise le pays en trois zones de végétation.

1° **Au Sud,** dans la région équatoriale où les pluies sont presque journalières, c'est la zone de la *forêt vierge* aux arbres immenses et variés, réunis par des lianes. (*Voir* 1re *image.*)

Les cours d'eau, très abondants et réguliers comme les pluies qui les alimentent, sont coupés de rapides durant leur traversée des montagnes bordières. Les principaux sont : le *Congo* et ses affluents l'*Oubangui*, la *Sangha* et l'*Alima* ; l'*Ogooué*, le *Gabon* et la *Sanaga*.

2° **Au centre,** où les pluies durent de 5 à 6 mois, c'est la zone de la savane aux grandes herbes parsemées de bouquets d'arbres, ou sillonnées de forêts galeries le long des cours d'eau.

Le *Chari* et son affluent le *Logone* sont les principaux cours d'eau de cette région.

3° **Au Nord,** autour du Lac Tchad où les pluies ne durent que 2 ou 3 mois, c'est la zone du steppe aux herbes dures, ou de la brousse aux arbustes épineux.

Le *Lac Tchad* ne reçoit d'eau que du Sud ; soumis à une forte évaporation il se dessèche progressivement.

4. Population. — L'Afrique équatoriale française compte 6 millions d'habitants (2 au km² environ), des indigènes pour la plupart. (*Voir* 5e *image.*)

1° Dans la zone des steppes errent des pasteurs nomades, *métis* de Berbères et de Noirs.

2° Les Savanes sont occupées par des *Noirs musulmans* qui vivent de l'agriculture.

3° La forêt équatoriale est peuplée de *Nègres sauvages* et *fétichistes* ; ils vivent surtout de la cueillette des fruits.

Phot. communiquées par " Le Monde Colonial Illustré ".

1. - Pistes et portage. routes et automobiles. — L'Afrique équatoriale n'a longtemps possédé que des *pistes* pour portage à dos d'hommes. Les pistes suivent parfois le lit du cours d'eau lorsque la brousse ou la forêt à traverser sont trop épaisses. Si le cours d'eau est trop profond, ou fréquenté par des crocodiles, un *pont de lianes* est jeté entre les deux rives ; l'image du milieu nous en montre un dans la forêt du Gabon.

Depuis quelques années, on construit des *routes pour automobiles*. Celle que représente l'image de droite se trouve au nord de Bangui, dans la région des savanes.

Phot. communiquées par " Le Monde Colonial Illustré ".

2. — **Voie ferrée de Brazzaville à Pointe-Noire.** La construction de cette voie fut commencée en 1921 du côté de Brazzaville, et en 1922 du côté de Pointe-Noire. On espère que les travaux seront terminés en 1930. Le tronçon achevé, que représente l'image, se trouve du côté de Brazzaville. La zone traversée par le chemin de fer est riche en produits végétaux et minéraux : les oléagineux sont abondants ainsi que les bois précieux ; le coton et le caoutchouc pourraient être facilement cultivés ; la chaux et les minerais de zinc, de plomb et surtout du cuivre existent à l'ouest de Brazzaville.

3. — **Défrichement de la forêt équatoriale,** dans la région de l'Oubangui, pour la création de plantations d'arbres à caoutchouc. Jusqu'ici l'Afrique équatoriale n'a fourni que du caoutchouc des forêts, mais on commence à établir des plantations comme il en existe déjà au Cameroun. Quant aux bois précieux de la forêt équatoriale ils ne peuvent être exploités, pour l'exportation, que s'ils se trouvent au bord de la mer, ou près des fleuves qui, par le flottage, peuvent les conduire aisément à la côte, car leur poids considérable, par rapport à leur prix, interdit tout transport quelque peu long, par voie de terre.

4. — **L'ivoire** provient des défenses du rhinocéros, mais surtout de l'éléphant. Au premier temps de l'occupation, il donna lieu à un commerce important, car il provenait, non seulement de la chasse, mais aussi des réserves accumulées depuis longtemps par les indigènes. Aujourd'hui les réserves sont épuisées, et les animaux pourchassés tendent à disparaître. On aurait dû domestiquer les éléphants au lieu de les tuer. Le commerce de l'ivoire n'y aurait rien perdu, et ces animaux auraient été d'un grand secours pour les exploitations forestières. Cette vue, prise à Bangui, montre des défenses de plus de 2 mètres de longueur.

5. Gouvernement. — L'Afrique équatoriale française est administrée par un *Gouverneur Général* qui réside à *Brazzaville*. Elle comprend quatre colonies ayant chacune à sa tête un *Lieutenant-Gouverneur*.

1° Le Gabon, chef-lieu *Libreville* (20.000 h.) sur une rade bien abritée ; *Port-Gentil*, *Loango* et *Pointe-Noire* sont des ports. *Franceville* est un poste sur l'*Ogooué*.

2° Le Moyen-Congo a pour chef-lieu *Brazzaville* (40.000 h.) qui est la capitale de toutes nos possessions de l'Afrique équatoriale.

3° L'Oubangui-Chari, chef-lieu *Bangui*, sur l'Oubangui.

4° Le Tchad, chef-lieu *Fort-Lamy* (10.000 h.), sur le Chari.

5° Le Commissariat du Cameroun, ancienne colonie allemande placée sous le mandat de la France, a pour chef-lieu *Yaoundé* et pour port *Douala* (18.000 h.).

6. Vie économique. — 1° L'Afrique équatoriale française est encore peu exploitée, car les **moyens de communication** font presque complètement défaut. Cependant le Cameroun possède deux voies ferrées de 150 et 160 km. de long. Les *cours d'eau*, coupés de rapides et séparés par de vastes espaces, sont les seules voies de transport économique.

Le *Congo* et l'*Oubangui* sont parcourus par une petite flottille de bateaux à vapeur, mais, pour éviter les rapides du Congo inférieur, les marchandises sont généralement transportées par la voie ferrée belge de Léopoldville à Matadi. Un chemin de fer de 544 km. est en construction entre Brazzaville et Pointe-Noire. (*Voir 2e image.*)

L'*Ogooué* et l'*Alima* sont séparés par le Plateau de Franceville à travers lequel les marchandises sont transportées à dos d'homme.

A cause du manque d'animaux domestiques, la plupart des transports à l'intérieur se font par le *portage*, moyen long, coûteux et inhumain, et qu'on ne peut employer que pour les produits d'un prix élevé. (*Voir 1re image.*)

2° Les **ressources** sont importantes cependant :

a) Les **forêts** abondent en *arbres à caoutchouc*, en *palmiers à huile*, en *bananiers* et en *bois précieux* (acajou et palissandre). (*Voir page 4, 5e image.*)

b) Les **savanes** sont fertiles en *millet, arachide, manioc,* et se prêtent à l'*élevage* du bœuf, du mouton et de l'autruche.

c) La colonisation n'a pris quelque importance que depuis que des concessions territoriales ont été accordées à des sociétés financières qui se sont livrées, sur le littoral, aux cultures du *cacaoyer*, du *vanillier* et du *caféier*, et à l'*exploitation* des forêts. (*Voir 3e image.*)

d) Les **indigènes** s'adonnent surtout aux *cultures vivrières :* manioc, millet, bananes.

3° Le **commerce** se fait principalement avec la France. Il comprend : l'*exportation* du caoutchouc, du bois, de l'ivoire (*Voir 4e image*), de l'huile et des amandes de palmes, et l'*importation* des produits alimentaires, des tissus et du matériel d'outillage.

DEVOIR. — 1. *Exercice 18 du Cahier de Croquis.* — 2. *Quelles sont les trois zones végétales de l'Afrique équatoriale française, les populations et les productions de chacune ?*

Phot. communiquées par " Le Monde Colonial Illustré ".

5. — **Quelques formes de cases de l'Afrique équatoriale.** — A gauche, case en boue durcie des rives de l'Ogooué ; au centre, case du Cameroun ; à droite, case à toit pointu descendant jusqu'à terre, du Haut-Oubangui.

19e Leçon. — L'AFRIQUE ORIENTALE

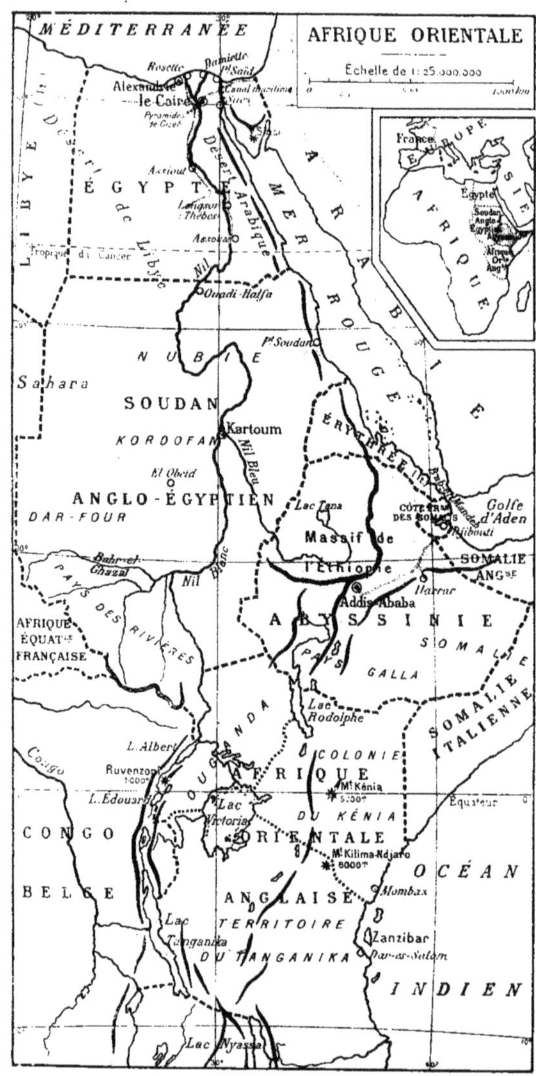

1. **L'Afrique Orientale** comprend l'ensemble des pays drainés par le Nil et ses affluents. Ce sont, du Nord au Sud : l'*Égypte*, le *Soudan anglo-égyptien*, l'*Abyssinie* et l'*Afrique orientale anglaise*.

ÉGYPTE

2. Situation et aspect. — L'Égypte est un plateau pierreux et désert coupé en deux parties par la *Vallée du Nil :* à l'Ouest, le *Désert de Lybie*, creusé de dépressions sablonneuses et parsemé de quelques oasis ; à l'Est, le *Désert Arabique* qui se relève sur la Mer Rouge en un bourrelet montagneux.

La **Vallée du Nil** est un long couloir aux parois abruptes, de 15 à 30 km. de large ; elle s'élargit au Caire en une plaine basse, le *Delta*, due aux apports du fleuve.

Alors que l'Égypte égale près de deux fois la superficie de la France, la Vallée du Nil et son Delta, les seules parties fertiles et peuplées, occupent à peine la 30° partie de l'étendue totale.

3. Climat et vie économique. — L'Égypte a un climat chaud et sec ; les pluies y sont très rares. Toute sa fertilité lui vient du Nil dont les eaux abondantes débordent de la mi-juillet à la mi-novembre, inondent sa vallée et, en se retirant, y déposent un limon très fertile.

Cependant, grâce aux barrages et aux canaux, on tend à remplacer l'inondation temporaire par l'irrigation continue, ce qui permet la culture toute l'année. On obtient ainsi deux ou trois récoltes par an.

Les principales **cultures** de l'Égypte sont : le *cotonnier* et la *canne à sucre*, le *blé*, le *maïs*, le *riz*, les *légumes* et les *fruits*.

L'industrie *sucrière* y occupe la première place ; viennent ensuite l'*égrenage et la mise en balles du coton*, et la *fabrication des cigarettes* avec du tabac importé. Cependant le *tourisme* rapporte peut-être plus que toutes les autres industries.

Le **commerce exporte** surtout du *coton* (les 9/10 de l'exportation totale), puis des *cigarettes*, du *riz* et des *légumes*. Il **importe** de la *houille*, du *tabac*, des *tissus* et des *machines*.

L'Égypte étant dépourvue de routes, tout le commerce se fait par voies fluviales ou ferrées, ou bien à dos de chameau.

4. Histoire et Gouvernement. — Dès les temps les plus anciens, sous des rois nationaux, les Pharaons, l'Égypte a joui d'une longue période de grande civilisation, attestée par les ruines imposantes de pyramides, de temples et de palais, telles que les Pyramides de Gizeh, près du Caire, et les ruines de Louqsor (Thèbes). Dans la suite, elle ne connut plus que la domination étrangère. Elle devint chrétienne sous les Romains, musulmane sous les Arabes et les Turcs.

Vers le milieu du siècle dernier, Méhémet Aly la rendit indépendante de Constantinople, mais la mauvaise administration financière de ses successeurs la jeta entre les mains des créanciers anglais et français. Aussi, lorsque, en 1881, la révolution renversa le gouvernement khédival, l'Angleterre occupa le pays. Au début de la Grande Guerre, le dernier lien qui rattachait l'Égypte à la Turquie fut rompu, et, en 1922, l'Angleterre reconnut l'Égypte comme royaume indépendant.

5. Population et villes. — L'Égypte compte près de 14 millions d'habitants, ce qui donne, pour la partie peuplée, l'énorme densité de plus de 410 habitants au km².

Cette population descend, en majorité, des anciens Coptes (nom grec des Égyptiens) ; ce sont des Blancs au teint bronzé : des *Fellahs*, musulmans agriculteurs, et des *Coptes* chrétiens adonnés au commerce.

A ces indigènes se sont ajoutés des Arabes, des Turcs, ainsi que des groupes très actifs d'Européens : Français, Anglais, Italiens, Grecs.

L'influence française, grâce à de nombreux établissements scolaires ou hospitaliers tenus par des religieux ou des religieuses, est considérable en Égypte. Le français y est très répandu.

Toutes les villes se trouvent dans le Delta ou dans la Vallée du Nil.

Le Caire (800.000 h.), la capitale, au sommet du Delta, est la ville la plus peuplée de l'Afrique.

Alexandrie (445.000 h.), sur la Méditerranée, est le plus grand port égyptien.

Rosette et **Damiette** sont à l'embouchure des deux principales branches du Nil.

Port-Saïd et **Suez** occupent l'extrémité du Canal maritime qui unit la Méditerranée à la Mer Rouge.

Assiout et **Assouan**, par leurs barrages gigantesques, régularisent l'irrigation dans toute l'Égypte.

SOUDAN ANGLO-ÉGYPTIEN

6. Le Soudan anglo-égyptien, malgré son nom, ne relève que de l'Angleterre. Ce vaste pays, 5 fois grand comme la France, n'est peuplé que de 3 à 4 millions d'habitants, des Noirs, musulmans pour la plupart.

La partie nord, la Nubie, est le prolongement du Sahara ; elle n'est fertile et peuplée que dans la Vallée du Nil. Le Soudan proprement dit occupe le Centre et le Sud. Les productions agricoles varient avec l'humidité, qui augmente du Nord au Sud. Le *sorgho* ou *dourah* sert à la nourriture des habitants. Le **Kordofan** exporte de la *gomme arabique* ; le Dar-Four et le Pays des Rivières, du *caoutchouc* et du *bétail*. Le Gouvernement concentre ses efforts sur la culture des *arachides* et du *coton*, et sur l'aménagement du Nil pour la navigation et l'irrigation.

Kartoum, la capitale, au confluent des deux Nils, est unie, par une voie ferrée, à **El Obéïd**, chef-lieu du Kordofan, à **Ouadi-Halfa** sur le Nil, et à **Port-Soudan** sur la Mer Rouge.

ABYSSINIE

7. L'Abyssinie est une contrée aussi étendue que la France. Elle comprend le *Massif d'Ethiopie* au Nord-Ouest, et les steppes de la *Somalie* et du *Pays Galla*, au Sud-Est.

Le Massif d'Éthiopie est un plateau basaltique découpé de gorges profondes. Les plus hauts sommets s'élèvent autour du *Lac Tana* tributaire du *Nil Bleu*. Une saison sèche et une saison humide s'y partagent l'année comme au Soudan.

La température varie avec l'altitude et divise le pays en trois régions agricoles : les **régions basses**, chaudes,

Paysage égyptien pris vers les Pyramides de Gizeh.

humides et malsaines sont couvertes de *forêts tropicales* ; les **régions moyennes** et tempérées conviennent aux cultures des *céréales*, du *café* et du *coton* ; les régions hautes et fraîches portent des *pâturages* où l'on élève des chevaux, des bœufs et des moutons. Les steppes de la Somalie et du Pays Galla sont parcourues par des pasteurs nomades.

L'Abyssinie est peuplée de 8 millions d'habitants, de race blanche au teint foncé : les *Éthiopiens*, à demi-civilisés et chrétiens ; les *Somalis* et les *Gallas*, plus arriérés et païens.

L'Abyssinie est un empire féodal dont le *Négus* est suzerain des *Ras* qui gouvernent les provinces. La capitale, **Addis-Ababa**, est unie au port français de Djibouti par une voie ferrée. *Harrar* est un marché important.

AFRIQUE ORIENTALE ANGLAISE

8. L'Afrique orientale anglaise comprend la région des Grands Lacs équatoriaux. C'est un vaste plateau ovale de 1.200 mètres d'altitude moyenne dont le centre est occupé par le *Lac Victoria*. Ce plateau est bordé d'une double chaîne séparée par une dépression longitudinale dont le fond est occupé par des lacs allongés, étroits et profonds : les *Lacs Albert, Edouard, Tanganika, Nyassa* et *Rodolphe*. La chaîne occidentale porte le *Ruwenzori* ; la chaîne orientale, le *Kénia* et le *Kilima-Ndjaro*, et elle s'abaisse lentement vers l'Océan Indien par une suite de terrasses.

Tout le pays est humide. A cause de l'altitude, la région des plateaux est fraîche, porte des *savanes* et convient aux *cultures* ; la région littorale est chaude et couverte de *forêts*.

La population comprend surtout des Noirs cultivateurs, longtemps exploités par quelques Arabes de la côte (*traite des Nègres*).

Le pays exporte surtout le *caoutchouc* de la forêt tropicale, et l'*ivoire* des éléphants chassés dans la savane. Les Européens y ont introduit la culture du *café*, sur le plateau, et de la *canne à sucre*, sur le littoral.

Cette vaste possession anglaise comprend quatre divisions : le **Protectorat** du royaume nègre de l'Ouganda, la **Colonie du Kénia**, le **Protectorat** du sultanat arabe de **Zanzibar** et le **Territoire du Tanganika**, l'ancienne Afrique orientale allemande. Une voie ferrée unit le port de *Mombaz* au Lac Victoria, et une autre, le port de *Dar-es-Salam* au Lac Tanganika.

Zanzibar, dans l'île de même nom, est le principal port de la côte orientale.

DEVOIR ÉCRIT. — 1. *Exercice 19 du Cahier de Croquis.*
2. *Quelles sont les productions des pays étudiés dans cette leçon ?*

20ᵉ Leçon. — L'AFRIQUE AUSTRALE

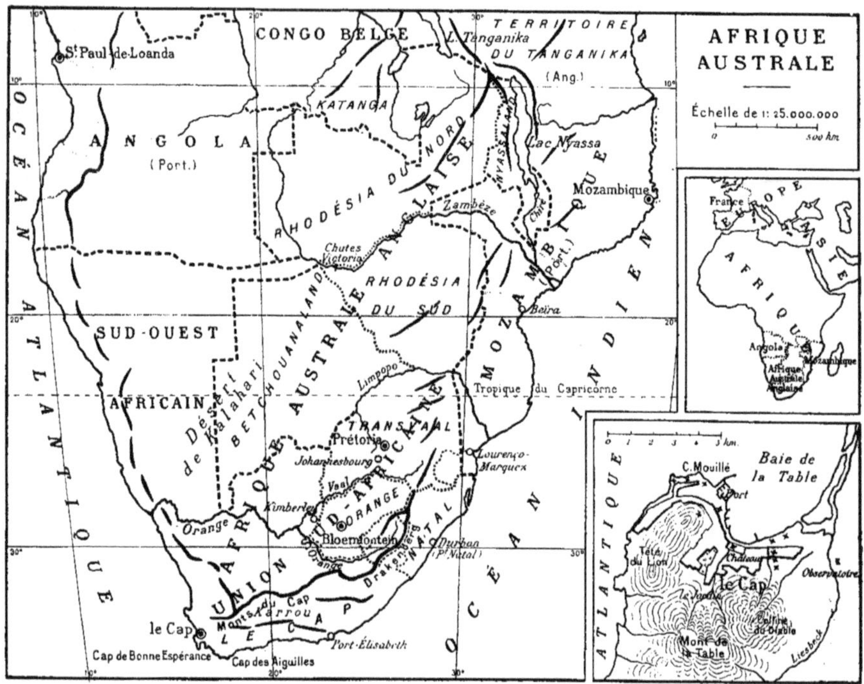

1. Situation et aspect. — L'Afrique australe s'étend au sud du Bassin du Congo et de la Région des Grands Lacs équatoriaux. C'est un vaste plateau affaissé au Centre et bordé, sur les côtes, par des arêtes montagneuses. Celles du Cap supportent de hauts plateaux arides, le *Karrou*. (*Voir 1ʳᵉ image.*) De la bordure orientale formée du *Drakenberg*, descendent l'*Orange* et son affluent le *Vaal*, tributaires de l'Atlantique. Dans l'Océan Indien se jettent le *Limpopo*, et le *Zambèze* dont les *Chutes Victoria* sont les plus puissantes du monde (*Voir 2ᵉ image*) et qui déverse, par le *Chiré*, les eaux du *Lac Nyassa*.

Les Côtes sont élevées et rocheuses à l'Est et au Sud, où elles projettent les *Caps des Aiguilles* et de *Bonne-Espérance*; elles sont basses et sablonneuses à l'Ouest.

2. Climat et productions naturelles. — Le climat de l'Afrique Australe répète, en sens inverse, celui de l'Afrique septentrionale. Au Nord, dans la région du Zambèze, il est tropical, comme au Soudan : l'année comprend une saison sèche et une saison humide. Au Sud, le climat est tempéré, comme dans la Région de l'Atlas.

Durant l'été austral (notre hiver) les vents soufflent de l'Est, de l'Océan Indien ; ils sont chauds et humides, aussi toute la région orientale reçoit-elle alors beaucoup d'eau, tandis que le Centre et l'Ouest en sont presque privés.

Pendant l'hiver austral, les vents soufflent du Sud-Ouest, ils sont froids et peu humides ; les régions occidentales reçoivent alors les seules pluies de l'année.

Trois zones de végétation correspondent aux trois zones de climat : au Nord, des *savanes* propres à l'élevage et aux cultures tropicales ; au Centre-Ouest, les *steppes* du Sud-Ouest Africain, et le *Désert de Kalahari* moins étendu et moins sec que le Sahara, mais dépourvu d'oasis ; au Sud-Est, des *plateaux herbeux* propres à l'élevage, et une *zone côtière, fertile* en céréales et en fruits.

Les ressources minérales, or et diamant, sont abondantes sur les plateaux de l'Est.

3. Colonisation. — Au XVIᵉ siècle, les Portugais occupèrent les côtes de l'Afrique australe ; il en possèdent encore l'*Angola* et le *Mozambique*.

Au XVIIᵉ siècle, des Hollandais (les Boers) fondèrent les colonies du Cap et du Natal, qui leur furent enlevées ensuite par les Anglais. Pour rester libres, ils s'enfoncèrent dans le pays et créèrent les Républiques d'*Orange* et du *Transvaal*. Au début de ce siècle, après une lutte héroïque mais malheureuse, contre les Anglais qu'avait attirés l'or du Transvaal, les deux États boers furent réunis à la Confédération Sud-Africaine, à laquelle appartiennent également le *Cap* et le *Natal*.

Les Anglais ont occupé aussi la région du Zambèze (*Nyassaland, Rhodésia* et *Betchouanaland*) ; le traité de Versailles leur a cédé le *Sud-Ouest Africain* qui appartenait à l'Allemagne.

4. Population. — L'Afrique australe compte 11 millions

1. — **Le Karrou** (mot hottentot qui signifie *plaine sèche*) est un plateau de 800 mètres d'altitude moyenne compris entre les chaînes des Monts du Cap. Il est hérissé de collines auxquelles l'érosion a donné la forme de cônes tronqués, telles que les *Trois Sœurs* que représente l'image. La végétation, demi-désertique, ne comprend guère que des broussailles et des bruyères. Le Karrou est habité par une rare population de pasteurs hottentots ou boers qui élèvent surtout des moutons.

2. — **Le Zambèze** (mot indigène qui signifie la *grande rivière*) a 1.200 mètres de large avant les Chutes Victoria dont les eaux se précipitent d'une hauteur de 140 mètres. Le fleuve se resserre ensuite et bondit en écumant au fond d'une gorge étroite et profonde. A 500 mètres en aval des chutes, un *pont en fer*, d'une seule arche et de 198 mètres de long, enjambe la gorge à 122 mètres au-dessus du niveau des eaux. Il fait partie de la grande voie ferrée du Cap au Caire. C'est l'œuvre d'un ingénieur français.

d'habitants répartis surtout dans les régions fertiles du Sud-Est. Deux races indigènes peuplent ces contrées : à l'Est, des Nègres Bantous (*Cafres, Zoulous, Betchouanas*), vivant d'agriculture et d'élevage ; à l'Ouest, des nains, plus jaunes que noirs, *Bochimans* ou *Hottentots*, vivant surtout de la chasse. (*Voir 3° image.*)

La population blanche (1 million 1/2) comprend des *Afrikanders* descendant des anciens colons, et des Européens, surtout des Anglais.

5. Afrique australe portugaise. — Les deux colonies portugaises, *Angola* et *Mozambique*, n'ont pas grande valeur. L'Angola, sur l'Atlantique, est peu fertile. Le chef-lieu est **Saint-Paul de Loanda**.

Le Mozambique, sur l'Océan Indien, est formé d'une côte chaude et malsaine, et d'un plateau intérieur peu fertile. Le chef-lieu est **Mozambique**.

6. Afrique australe anglaise. — La plus grande partie de l'Afrique australe appartient aux Anglais. L'Union sud-africaine formée de quatre États : le *Cap*, le *Natal*, l'*Orange* et le *Transvaal*, est une fédération placée sous la suzeraineté du roi d'Angleterre représenté par un gouverneur général; le Sud-Ouest Africain est une colonie de l'Union; le Nyassaland, la Rhodésia du Nord et du Sud et le Betchouanaland relèvent directement de l'Angleterre.

1° **L'État du Cap** possède de bonnes terres à céréales et à fruits, sur la côte; les plateaux nourrissent des bœufs, des moutons et des autruches, et ils recèlent d'importantes mines de diamant. Le **Cap** (210.000 h.), la capitale, est une place forte et un port très fréquenté. **Kimberley** est au centre de la plus riche région diamantifère du Globe.

2° **Le Natal** est situé sur la côte orientale ; comme l'État du Cap, c'est un pays de cultures, d'élevage et de mines. **Durban** ou **Port-Natal** (150.000 h.) est la principale ville.

3° **L'État d'Orange** est situé entre l'Orange et le Vaal. Il s'étend sur un plateau herbeux propre à l'élevage. **Bloemfontein** est la capitale.

4° **Le Transvaal** s'étend au nord du Vaal jusqu'au Limpopo. Comme les États du Cap et du Natal, c'est un pays de culture, d'élevage et de mines. **Prétoria**, la capitale, disperse ses maisons au milieu de la verdure. **Johannesbourg**, fondée, en 1886, au milieu d'une riche région aurifère, est aujourd'hui, avec ses 290.000 habitants, la plus grande ville de l'Afrique australe.

L'Union sud-africaine exporte, surtout, des diamants, de l'or, de la laine et des plumes d'autruches.

Le *Sud-Ouest africain* est une région peu fertile et presque déserte. Le *Nyassaland*, la *Rhodésia du Nord et du Sud* et le *Betchouanaland* sont assez fertiles, sauf au Sud, dans le Kalahari, mais ils sont encore peu exploités.

Le commerce de l'Afrique australe anglaise est facilité par deux grandes **voies ferrées**. La première va du Cap au Katanga du Congo belge, par Kimberley et les Chutes Victoria ; c'est l'amorce de la grande *Ligne du Cap au Caire* ; dans la Rhodésia du Sud, elle se bifurque vers l'Est et atteint la côte à Béira, en territoire portugais.

La deuxième ligne est plus orientale et presque parallèle à la première ; plusieurs voies transversales l'unissent à la première ligne et à la côte : à Port-Élisabeth, à Durban et à Lourenço-Marquez.

DEVOIR ÉCRIT. — 1. *Exercice 20 du Cahier de Croquis.* — 2. *Quelles sont les productions minérales et végétales de l'Afrique australe anglaise ?*

3. — **Les Cafres** sont les Nègres les plus intelligents et les plus civilisés de l'Afrique australe. Ils vivent de l'agriculture, mais surtout de l'élevage du bétail. Leurs huttes demi-sphériques sont formées d'une charpente de longues tiges flexibles qui supporte un revêtement de paille laborieusement disposée. La porte est l'unique ouverture.

21ᵉ Leçon. — MADAGASCAR

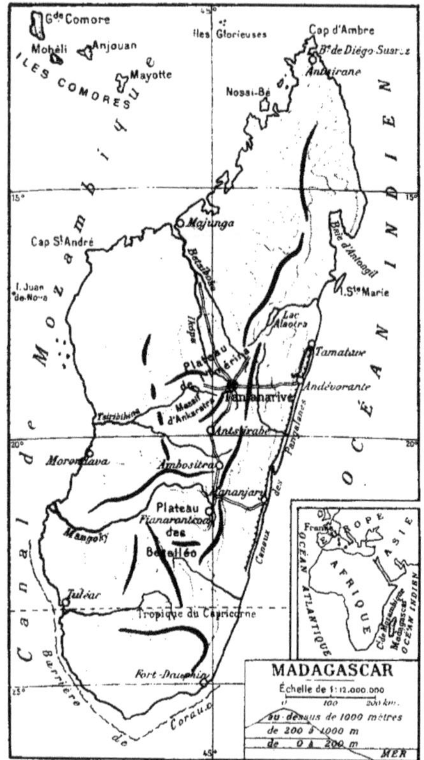

1. Situation et étendue. — La Grande Ile de l'Océan Indien est située à 300 km. au sud-est de l'Afrique, dont elle est séparée par le Canal de Mozambique.

Elle a 1.600 km. du Nord au Sud, et 600 de l'Est à l'Ouest dans sa plus grande largeur. Sa superficie dépasse d'un sixième celle de la France.

2. Relief et côtes. — Madagascar est formée de vastes *plateaux* à l'intérieur, et de *plaines littorales*.

1º Ces plateaux ont un millier de mètres d'altitude moyenne. Ils sont surmontés de massifs volcaniques anciens, dont le plus central et aussi le plus élevé, le *Massif d'Ankaratra*, sépare le *Plateau de l'Imérina* de celui des *Betsiléo*.

La décomposition des roches cristallines des plateaux a donné une argile dure comme la brique (la latérite), complètement stérile ; mais les dépressions des plateaux sont couvertes de terres alluviales très fertiles.

2º Les Plateaux s'abaissent brusquement à l'Est, et en pentes douces à l'Ouest, laissant entre eux et la mer une ceinture de **plaines littorales**, étroites et marécageuses à l'Est, plus larges et plus sèches à l'Ouest.

3º Les côtes ne sont bien hospitalières qu'au Nord et

au Nord-Ouest. *Celles de l'Est* et *celles de l'Ouest* sont basses, sablonneuses ou vaseuses ; *celles du Sud*, rocheuses, peu découpées et bordées de récifs de coraux ; *celles du Nord-Ouest et du Nord*, sont rocheuses, élevées et découpées ; tout au Nord, s'ouvre la magnifique *Baie de Diégo-Suarez*, et se projette le *Cap d'Ambre*.

3. Climat et végétation. — Madagascar est située dans la *zone tropicale* du Sud, mais l'orientation de son relief la divise en *quatre régions climatériques* :

1º Les **plaines orientales**, exposées aux alizés, sont constamment chaudes et humides ; elles sont couvertes d'épaisses forêts aux essences variées.

2º Les **plaines du Nord-Ouest**, abritées des alizés par les Plateaux intérieurs, sont soumises aux moussons humides du Nord, d'octobre à avril, et aux moussons sèches du Sud, de mai à septembre. C'est le domaine de la savane.

3º Les **plaines du Sud-Ouest**, abritées des alizés et de la mousson humide du Nord, sont chaudes et sèches les 3/4 de l'année. C'est le pays de la brousse aux herbes rares et dures, mêlées de cactus et de baobabs.

4º Les **Plateaux**, à cause de leur altitude, ont un climat salubre et tempéré ; les pluies y tombent en été (notre hiver), par averses brusques et abondantes, comme dans la région méditerranéenne dont ils ont le climat et la végétation. Malheureusement, la latérite, qui domine, rend les trois quarts du sol inculte. Ainsi, à Madagascar comme dans l'ensemble de l'Afrique, les régions les plus fertiles sont insalubres, et les régions salubres sont souvent infertiles.

Madagascar est donc une colonie d'exploitation dans les plaines littorales humides, et une colonie de peuplement sur les plateaux.

4. Hydrographie. — Le versant oriental a des rivières constantes et abondantes, mais, comme la ligne de partage des eaux est à l'est des Plateaux, elles sont courtes, rapides et inutilisables pour la navigation, même à leurs embouchures qui sont encombrées de bancs de sable.

Les **rivières du versant occidental** ont des crues et des maigres suivant les saisons. Elles descendent de l'intérieur du Plateau vers lequel elles ouvrent des voies de pénétration ; leur cours moyen est coupé de rapides à la descente du Plateau ; seul leur cours inférieur est navigable. Les principales sont : le *Mongoky*, la *Tsiribihina*, et la *Betsiboka*, avec son affluent l'*Ikopa*.

5. La population de Madagascar est de 3 millions 1/2 d'habitants (5 au km²). Elle comprend des **Noirs** (les *Sakalaves* de la Plaine occidentale, les *Betsiléo* du Plateau qui porte leur nom) ; des **Bruns** (les *Hovas*), et 28.000 **Blancs**, dont 18.000 *Français*.

6. Gouvernement et Villes. — Madagascar est administrée par un *Gouverneur Général* ayant sous ses ordres des agents qui surveillent l'administration des chefs indigènes régionaux de chacune des races.

Comme le Tonkin, Madagascar est donc une Colonie par le Gouvernement supérieur, et un Protectorat par l'administration des provinces.

Tananarive (60.000 h.), la capitale, est bâtie sur le Plateau de l'Imérina, à 1.400 mètres d'altitude ; une voie ferrée l'unit à Tamatave. (*Voir 2ᵉ image.*)

Antsirabe (station thermale), **Ambrositra** et **Flanarantsoa** (7.000 h.) sont des marchés agricoles du Plateau des Betsiléo. (*Voir 1ʳᵉ image.*)

Antsirane ou **Diégo-Suarez**, sur la baie de même nom, **Tamatave** (12.000 h.), **Andévorante**, **Fort-Dauphin**, notre plus ancien établissement dans l'île, **Tuléar**, **Morondava** et **Majunga** (11.000 h.) sont des ports.

Les Iles **Comores** relèvent du Gouverneur Général de **Madagascar**. Leurs 85.000 habitants, musulmans de races diverses, vivent de la culture de la canne à sucre et de la vanille. Les Iles **Glorieuses** sont aussi à la France.

7. Cultures. — Les cultures alimentaires principales sont : le *riz* qui forme la base de l'alimentation de l'indigène et réussit partout sauf dans la région méridionale trop sèche ; le *manioc*, les *haricots* et le *maïs*.

Les cultures tropicales occupent surtout les plaines humides de l'Est. Les plus importantes sont celles du *vanillier*, du *caféier*, du *cacaoyer* et du *giroflier*.

8. Les forêts les plus denses et les plus riches couvrent les plaines littorales de l'Est. Elles fournissent des *bois de construction* et d'*ébénisterie* (ébène, palissandre, etc.). Les fibres du *raphia*, sorte de palmier, sont exploitées pour les industries indigènes et pour l'exportation. Les palétuviers de la côte occidentale fournissent de l'écorce à tanin.

9. L'élevage du *zébu* ou bœuf à bosse (*Voir 3ᵉ image*) se pratique presque partout ; celui du *mouton à grosse queue*, dans le Sud, et celui du *porc*, sur les Plateaux.

Les races européennes de *bœufs*, de *chevaux*, de *moutons* et de *porcs* ont été introduites dans l'île. Les chevaux fournissent aujourd'hui, à Madagascar, des animaux de trait dont l'île était complètement dépourvue. On élève des *autruches* dans la région de Tuléar.

10. Industrie. — Les mines de *graphite* placent Madagascar en tête des pays producteurs de ce minerai. Des mines d'*or* et de *pierres précieuses* sont également exploitées.

Les petites industries indigènes (*chapeaux de paille de riz, et rabanes* ou tissus en raphia) sont prospères, grâce aux écoles professionnelles récemment établies.

La grande industrie a contre elle le manque de houille. Elle ne comprend guère que des *féculeries de manioc* et des usines pour la *décortication du riz* et pour la conservation de la *viande* et des *peaux* destinées à l'exportation.

11. Les voies de communication, avant notre arrivée,

2. — **Tananarive**, c'est-à-dire les *Mille Villages*, disperse ses maisons basses sur trois collines dont la base est bordée, à l'Ouest, par un vaste damier de rizières, que traverse l'Ikopa.

ne comprenaient que des pistes pour portage à dos d'homme.

1° **Des routes pour automobiles** ont été établies de Tananarive jusqu'au confluent de l'Ikopa et de la Betsiboka où celle-ci devient navigable, et de Tananarive à Fianarantsoa et à la côte.

2° **Des voies ferrées** unissent Tananarive à Tamatave, au Lac Alaotra et à Antsirabe.

3° Le cours inférieur de plusieurs rivières du versant occidental est navigable. Les **Canaux des Pangalanes** creusés dans les lagunes de la Plaine orientale permettent de desservir cette côte battue des alizés et encombrée de bancs de sable.

4° Les **ports** de *Majunga*, *Tamatave*, *Diégo-Suarez* et *Nossi-Bé* sont en relations régulières avec Marseille ; celui de *Tuléar* l'est avec l'Afrique.

12. Le Commerce se fait surtout avec la France. Il comprend : 1° l'exportation des *produits agricoles* (riz, légumes secs, manioc) ; *forestiers* (raphia, bois précieux) ; *d'élevage* (viandes et peaux) ; *des mines* (graphite, or et pierres précieuses) ; de l'*industrie indigène* (chapeaux et tissus de raphia) ;

2° L'importation de *cotonnades*, de *vins* et *liqueurs*, de *métaux*, d'*articles de ménage* et de *houille*.

DEVOIR. — 1. *Exercice 21 du Cahier de Croquis.* — 2. *Quelles sont les principales productions de Madagascar ?*

Phot. Agence Économique de Madagascar.

1. — **Fianarantsoa**, petite ville du Plateau des Betsiléo, rappelle, mais en petit, par sa situation sur une colline, la silhouette de Tananarive. C'est un centre important pour le commerce de produits agricoles de la région. Une bonne route l'unit à Tananarive et à la côte orientale.

Phot. Agence Économique de Madagascar.

3. — **Élevage des bœufs**, aux environs d'Antsirabe dont le paysage est caractérisé par les mamelons coniques formant le fond du tableau. Les deux bœufs du premier plan, à droite et à gauche, sont des zébus, ou bœufs à bosse, reconnaissables à la masse charnue qui surmonte leur garrot.

SUPPLÉMENT D'ILLUSTRATION POUR L'AFRIQUE

Phot. J. Geiser.

1. — **Alger** est bâtie sur la côte occidentale d'une petite baie largement ouverte au Nord. Cependant elle est abritée des vents du Nord-Ouest par la colline où elle s'étage, et son port est protégé, au Nord, par une digue puissante que nous montre l'image au premier plan. Cette digue réunit Alger à une petite île portant les bâtiments de l'Amirauté. Au XVIᵉ siècle, les Espagnols s'emparèrent de cette île, alors formée de petits îlots qu'ils réunirent, et ils y bâtirent une forteresse. Le mot Alger (*Al-djezaïr*, les îles, en arabe) vient de ce petit groupe d'îles.

Un grand boulevard, supporté par des arcades de 20 mètres de haut, domine le port ; il est bordé par d'élégants édifices de 5 ou 6 étages, séparés par de larges rues ; c'est la ville européenne. Au-dessus, escaladant les pentes, s'élève la ville arabe avec ses maisons à terrasses, blanchies à la chaux, et ses ruelles étroites et sombres.

La ville est dominée par la kasbah, la vieille forteresse arabe, établie au sommet de la colline, à 118 mètres d'altitude. La douceur de son climat en a fait une station hivernale très fréquentée.

Alger déborde dans les faubourgs et les communes voisines : *El Biar*, *Saint-Eugène*, etc. C'est sur le territoire de cette dernière commune que se trouve *Notre-Dame d'Afrique*. Cette église s'élève au bord de la mer, sur une colline de 124 mètres d'altitude (tout à droite de l'image).

Phot. Étab. Lévy et Neurdein réunis.

2. — **Bône** est bâtie près des ruines d'Hippone dont saint Augustin fut évêque et où il mourut en 430. La ville occupe une petite plaine littorale près de l'embouchure de la Seybouse et au pied de coteaux boisés, parsemés de villas perdues dans une éternelle verdure. La vue représente la Seybouse au pied de la colline d'Hippone qui porte la basilique moderne de Saint-Augustin.

Phot. Office du Gouvernement général de l'Algérie.

3. — **Les eaux thermales d'Hammam-Meskoutine** jaillissent du sol par un grand nombre de sources. Elles descendent en cascade sur une saillie de roches qu'elles ont recouvertes de dépôts de carbonate de chaux dont elles sont chargées. Remarquer sur l'image les vapeurs qui se dégagent de ces eaux dont la température atteint 95°. Un établissement thermal est établi auprès de ces sources.

4. — **Constantine** est assise sur un gigantesque rocher coupé à pic par une gorge de 30 à 50 mètres de large et de 100 à 200 mètres de profondeur. Au fond de ce monstrueux ravin coule le Roummel. Le sommet du rocher forme un plateau ovale, de 1.000 mètres de long sur 700 mètres de large, fortement incliné du Nord au Sud. La ville est reliée à la campagne environnante par trois ponts qui traversent la gorge à 100, 125 et 175 mètres au-dessus du torrent, et par un isthme étroit gardé par une forteresse et sur lequel la ville étend ses faubourgs. C'est par cet isthme que la prise de Constan-

Phot. Étab. Lévy et Neurdein réunis.

tine a toujours eu lieu, soit par les Romains sur les Numides qui appelaient leur ville Cirta, c'est-à-dire rocher, soit par les Arabes sur les Romains, soit par les Français sur les Arabes. La vue nous montre, au premier plan, le pont d'El Kantara, et au second plan, le pont suspendu de Sidi Mecid, de 168 mètres de long et de 175 mètres au-dessus du Roummel. Sur le prolongement de ce pont on voit l'Hôpital militaire, à gauche, et l'Hôpital civil, à droite. Le bord occidental du Plateau de Mansoura, qui domine la ville, est occupé par des casernes de cavalerie.

Phot. Étab. Lévy et Neurdein réunis.

5. — **Une caravane** peut compter 500 personnes et un millier de chameaux qui portent jusqu'à 150 kg. chacun et font 25 à 30 km. par jour. La caravane est commandée par un chef dont le pouvoir est absolu. Elle emporte des vivres pour le voyage et une provision d'eau qu'elle renouvelle aux puits de la route. Ces voyages sont très longs, (pas moins de 4 ou 5 mois de Tombouctou à Tripoli), et présentent de nombreux périls. Cependant les organisateurs des caravanes y trouvent de gros bénéfices qui leur font surmonter toutes les difficultés.

6. — **Oran** est bâti sur une petite baie qui se creuse au fond du Golfe d'Oran. C'est de cet enfoncement ou coupure (*ouaran*, en arabe) que lui vient son nom. La ville est protégée des vents d'Ouest par la Montagne Santa-Cruz, de 372 m. de hauteur, d'où l'on jouit d'une belle vue sur la ville, le port et les collines lointaines du Tell. Une magnifique route en corniche conduit d'Oran à Mers-el-Kébir qui possède une rade sûre, mais de plus en plus désertée au profit d'Oran. Cette partie de la côte a de belles plages fréquentées tous les ans par de nombreux baigneurs.

Phot. Office du Gouvernement général de l'Algérie.

7. — **El Oued** est la principale des oasis de l'Oued Souf. Il n'y a pas de cours d'eau dans la région, bien que Oued Souf signifie rivière murmurante, mais l'eau existe abondante en nappes souterraines. Les Souafas (habitants du Souf) ont creusé le sable jusqu'à la couche aquifère, et au fond de ces fosses en entonnoir, ils ont planté des dattiers dont les racines vont elles-mêmes puiser l'eau à la nappe souterraine. Seuls, quelques puits ont été creusés pour les besoins domestiques. La région compte environ 14.000 de ces fosses, renfermant chacune une vingtaine de palmiers dont la tête dépasse à peine le niveau du sol.

Phot. Office du Gouvernement général de l'Algérie.

8. — **Timgad** fut créée par les Romains à la fin du 1er siècle de notre ère. Détruite par les Vandales et enfouie sous les sables, la Pompéi africaine n'a commencé à être déblayée qu'à partir de 1880. La forêt de colonnes de marbre blanc, dont la plupart ont dû être relevées, couvre une soixantaine d'hectares. Le théâtre (au premier plan), dont les degrés, en hémicycle de 65 mètres de diamètre, avaient été taillés dans le roc, pouvait contenir 3.500 personnes. L'arc de triomphe à trois arcades et de 16 mètres de haut, est le mieux conservé de tous ces monuments qui témoignent de la splendeur de la colonisation romaine dans l'Afrique du Nord.

Phot. Société de Géographie de Paris.

9. — **Tombouctou** étale ses maisons cubiques dans la plaine, à 15 km. au nord-ouest du coude du Niger qui envoie jusqu'au delà de la ville des ramifications pouvant porter des pirogues au moment des grandes eaux, et même des barques à l'époque des fortes crues. La situation de la ville à la limite du Sahara et du Soudan et à la rencontre des marchandises venant du Sud, en pirogue, et du Nord, en caravane, en a fait de tout temps un important centre commercial. Remarquez, au premier plan et à droite, la mosquée de forme pyramidale.

Phot. Ag. Éc. Af. Occ. Fr.

10. — **Une exploitation agricole** en Guinée française. Cette région convient admirablement à la culture des fruits tropicaux, surtout aux bananes et aux ananas dont la production s'étend rapidement. On voit ici au premier plan une plantation d'ananas et au second plan une autre de bananiers. Ce sont encore des ananas qui entourent les bâtiments de l'exploitation. Les colons se sont groupés pour organiser, vers l'Europe, des transports rapides et réguliers qui permettront à leurs fruits de concurrencer avantageusement, sur nos marchés, ceux des Canaries.

Les dessins de ce Manuel sont dus à M. Maurice Dessertenne, et les cartes, à MM. Besson et Paillard.

Les clichés ont été exécutés par la Photogravure Mauge.

La composition typographique est sortie de l'Imprimerie des Orphelins-Apprentis d'Auteuil, et le tirage des presses de l'Institut Cartographique de Paris.

La reliure est de la Maison L. Audevard.

A tous ceux qui ont collaboré à ce Manuel, les Auteurs et les Éditeurs sont heureux d'exprimer ici toute leur gratitude.

COURS DE GÉOGRAPHIE
POUR LES CLASSES DE L'ENSEIGNEMENT SECONDAIRE
PAR
Une Réunion de Professeurs.

Dans tous ces cours, chaque leçon tient en une page ou en deux pages se faisant face, de manière que le texte et la carte correspondante ne soient jamais séparés.

CLASSES PRÉPARATOIRES OU ENFANTINES

GÉOGRAPHIE PAR L'IMAGE ET LA CARTE, sur les Notions générales, les cinq Parties du Monde et la France. — In-4° de 48 pages contenant 32 leçons. — Chaque leçon comprend : 1° des Images et des Cartes en couleurs ; 2° un Exercice d'observation sur les images et les cartes ; 3° une Lecture ou causerie ; 4° un Résumé de la Lecture ; 5° un Questionnaire sur le Résumé ; 6° un Devoir écrit.
Cahier de Croquis géographiques : in-4° de 16 pages, contenant 38 exercices.
Supplément pour le Professeur : in-4° de 36 pages.

CLASSES DE HUITIÈME ET DE SEPTIÈME

NOTIONS ÉLÉMENTAIRES DE GÉOGRAPHIE GÉNÉRALE, ET LES CINQ PARTIES DU MONDE.
LA FRANCE ET SES COLONIES. — In-4° de 68 pages contenant 32 leçons. — Chaque leçon comprend : 1° des Cartes en couleurs et des Images en noir ou en couleurs avec Légendes ou Lectures ; 2° un Exercice d'observation sur les images et les cartes ; 3° un Texte succinct ; 4° un Questionnaire sur le texte ; 5° un Devoir écrit.
Cahier de croquis géographiques : in-4° de 40 pages, contenant 78 Exercices.
Supplément pour le Professeur : in-4° de 80 pages, contenant 64 croquis.

A partir de la classe de Sixième, chaque leçon comprend : 1° des Cartes en couleurs et des Images en noir ou en couleurs avec Légendes ou Lectures ; 2° un Texte succinct ; 3° un Devoir.

CLASSE DE SIXIÈME

NOTIONS DE GÉOGRAPHIE GÉNÉRALE. — L'AMÉRIQUE ET L'OCÉANIE : in-4° de 52 pages, contenant 26 Leçons.
Cahier de Croquis géographiques : in-4° de 24 pages.
Supplément pour le Professeur : in-4°... (Pour paraître en 1926.)

CLASSE DE CINQUIÈME

L'ASIE ET L'AFRIQUE : in-4° de 52 pages, contenant 21 Leçons.
Cahier de Croquis géographiques : in-4° de 20 pages, contenant 21 Exercices.
Supplément pour le Professeur : in-4°... (Pour paraître en 1926.)

CLASSE DE QUATRIÈME (Pour paraître en 1926)

LA FRANCE ET SES COLONIES : in-4° de 80 pages, contenant 37 Leçons.
Cahier de Croquis géographiques : in-4°...
Supplément pour le Professeur : in-4°...

CLASSE DE TROISIÈME

L'EUROPE (moins la France) : in-4° de 80 pages, contenant 35 Leçons.
Cahier de Croquis géographiques : in-4° de 36 pages, contenant 35 Exercices.
Supplément pour le Professeur : in-4°... (Pour paraître en 1926.)

CLASSE DE SECONDE (En préparation)

GÉOGRAPHIE GÉNÉRALE : in-4° de 80 pages, contenant 37 Leçons.
Cahier de Croquis géographiques : in-4°...
Supplément pour le Professeur : in-4°...

CLASSE DE PREMIÈRE

LA FRANCE ET SES COLONIES : in-4° de 104 pages, contenant 45 Leçons.
Cahier de Croquis géographiques : in-4° de 40 pages, contenant 49 Exercices.
Supplément pour le Professeur : in-4° ... (Pour paraître en 1926.)

CLASSES DE MATHÉMATIQUES ET DE PHILOSOPHIE (En préparation)

LA VIE ÉCONOMIQUE DU MONDE. — In-4°...